大学生就业与创业教育研究

尹泽西 孙立洁 朱德准◎著

线装书局

图书在版编目（CIP）数据

大学生就业与创业教育研究 / 尹泽西，孙立洁，朱德准著. -- 北京：线装书局，2023.7
ISBN 978-7-5120-5471-4

Ⅰ. ①大… Ⅱ. ①尹… ②孙… ③朱… Ⅲ. ①大学生－职业选择－教育研究 Ⅳ. ①G647.38

中国国家版本馆CIP数据核字(2023)第086364号

大学生就业与创业教育研究
DAXUESHENG JIUYE YU CHUANGYE JIAOYU YANJIU

作　　者：	尹泽西　孙立洁　朱德准
责任编辑：	白　晨
出版发行：	线装书局
地　　址：	北京市丰台区方庄日月天地大厦B座17层（100078）
电　　话：	010-58077126（发行部）010-58076938（总编室）
网　　址：	www.zgxzsj.com
经　　销：	新华书店
印　　制：	三河市腾飞印务有限公司
开　　本：	787mm×1092mm　　1/16
印　　张：	11
字　　数：	264 千字
印　　次：	2024 年 7 月第 1 版第 1 次印刷

定　　价：68.00 元

前　言

　　作为一门指导性和时间性很强的应用型学科。就业指导课不能单纯地进行理论传授，必须和行为训练、社会实践、参观访问、专业实习及科学实验有机地结合起来。同时配以职业指导、心理咨询、专题讲座、录像观摩等形式，力求使大学生就业教育课的教学形式生动活泼，充分调动学生的积极性和主动性。只有创业才能更好地就业。大学生自主创业不仅有利于大学生实现自己的理想，解决自己的就业问题，还能为社会提供更多的就业机会，解决更多人的就业问题。因此，大学生创业是一项利己、利人、利社会的活动。当前，我国高校在就业指导中，对于创业一直没有引起足够的重视，大部分还是局限于为学生找个好的单位或企业就业。

　　本书共八章，前半部分主要介绍了理论上如何提高在校大学生的就业创业的意识，后半部分主要介绍了创业的流程，如何创业，如何把创好业。对大学生进行创业指导时应主要注意两个方面：其一，对创业精神的指导。创业精神的培养，应融入高校教育的全过程。这样才能使大学生有新的理念，有新的作为。其二，对自主创业的指导。自主创业将越来越成为青年一代谋求职业的重要途径。创业具有挑战性，它更能发挥个人的聪明才智、主动性和创造性，更能灵活、恰当地和社会需求融合在一起，使个人价值得以实现，更快地走向成功。对大学生自主创业的指导，在就业指导中是个新的领域，也是一个有较大发展空间的领域。

　　《大学生就业与创业教育研究》的书写参考了大量的文献和资料，但是由于能力有限，书中难免有疏漏不妥之处，请同行专家和读者批评指正。

编委会

韩 冰　孙靖皓　姜 萌
吕 岩　李 杰　孙志伟

目 录

第一章 大学生就业创业形势与政策保障 …………………………………(1)
 第一节 大学生就业面临的挑战 …………………………………………(1)
 第二节 大学生创业形势和政策保障 ……………………………………(10)
 第三节 大学生就业创业应尽早谋划 ……………………………………(15)

第二章 大学生职业规划的制定 ……………………………………………(19)
 第一节 职业规划的重要性 ………………………………………………(19)
 第二节 拟定职业规划的方法 ……………………………………………(21)
 第三节 拟定职业规划应注意的问题 ……………………………………(33)

第三章 大学生就业能力培养 ………………………………………………(36)
 第一节 收集就业信息 ……………………………………………………(36)
 第二节 整理就业资料 ……………………………………………………(43)
 第三节 调整心态 …………………………………………………………(50)

第四章 大学生创业准备与实施关键问题研究 ……………………………(60)
 第一节 大学生创业准备阶段 ……………………………………………(60)
 第二节 大学生创业实施阶段 ……………………………………………(71)

第五章 "互联网+"大学生创新创业赛事研究 …………………………(79)
 第一节 创新创业赛事的组织与实施 ……………………………………(79)
 第二节 创新创业赛事的收尾 ……………………………………………(85)
 第三节 创新创业赛事的总结及优化 …………………………………(102)

第六章 高校创新创业人才能力的培训研究 ……………………………(108)
 第一节 大学生创业素质培训 …………………………………………(108)
 第二节 创业机会和创业模式培训 ……………………………………(114)
 第三节 创新创业能力的培训 …………………………………………(120)
 第四节 创业资源整合 …………………………………………………(122)

第七章 高校创新创业工作仿实训研究 …………………………………(127)
 第一节 高校创新创业流程培训 ………………………………………(127)
 第二节 高校创新创业的运营管理培训 ………………………………(151)

第八章　创新创业仿真实训 ……………………………………………（164）
　　第一节　企业常用分析模型 ………………………………………（164）
　　第二节　创新创业虚拟仿真实训平台 ……………………………（167）
参考文献 ………………………………………………………………（176）

第一章　大学生就业创业形势与政策保障

第一节　大学生就业面临的挑战

我国是世界人口第一大国，人口既是我们的优势，也带来了巨大的就业压力。据相关部门统计，到2020年劳动年龄人口年均增长1360万人，此外，还有1.5亿农村劳动力需要转移，1100万名以上的下岗人员需要再就业。目前，我国正处于改革开放后的第四次人才流动期，其主要特点表现为大学毕业生人数激增，农村劳动力向城镇转移步伐进一步加快，海外留学归国人员增加，经济转型和事业单位改革等，直接导致大学毕业生就业遇到很大的挑战。但是，随着经济社会的发展，国家对大学毕业生就业支持力度的进一步加大，又使大学毕业生就业有着难得的重大机遇。

一、大学生就业面临的挑战

1. 传统的就业主渠道接收能力下降

国有企业目前依然处于转型改制、减负增效的改革过程中，生产经营尚未完全走出困境，下岗问题依然突出，很难为社会提供更多的就业机会。同时，多数单位在改革中实行各种承包任期制、经费包干制，接受大学毕业生的积极性不高。事业单位目前也大都在改革，其人员编制都在压缩，许多单位在用人上只出不进。在这种状况下，传统就业主渠道的吸纳能力下降，不可能接收大量毕业生就业。

2. 部分单位对毕业生学历层次的要求越来越高

目前，我国中高层次的人才严重短缺，社会对高层次复合型、外向型和开拓型人才的需求日益迫切，人才结构的需求层次呈现上移态势。高校、科研单位、机关、大公司基本以接收硕士生、博士生为主，甚至一些中小型单位都开始希望接收研究生。这种现象致使不少用人单位存在着"人才高消费"的错误观念，盲目追求高学历人才，人为地造成了就业难现象。

3.毕业生的能力素质与用人单位要求存在较大差距

现在用人单位对高校毕业生的敬业精神、职业道德、思想道德和能力水平等都提出了明确要求，但毕业生与用人单位的要求存在较大差距，而不少用人单位对接收毕业生采取"宁缺毋滥"的态度，造成毕业生有业而不能就的问题。学生干部和学生党员及那些综合素质好、动手能力强、敬业精神好、有各种特长的毕业生越来越受到用人单位的欢迎。

4.毕业生就业期望值与社会需求之间存在巨大反差

一方面是就业难，另一方面又是用工荒。究其原因是许多毕业生对自身的职业定位不清，盲目地跟从他人。目前，我国高等教育的毛入学率已达"大众化"水平，而毕业生的择业观仍停留在原有的高等教育"精英化"阶段，要求的就业平台太高。此外，部分学生是委培生、定向生，享受国家的有关优惠政策，但到了毕业之际，又以各种理由拒绝按原定计划和需求就业，这一问题在个别偏远地区和艰苦行业表现得尤为突出。

5.高等教育改革还不能完全适应市场经济发展的需要

目前，高等学校改革的速度和力度远远跟不上社会发展的需要。高校的专业设置、学科结构、毕业生的学历层次和知识结构，还没有根据经济社会发展的需要及时调整，特别是在招生、培养、就业等方面面临着许多亟待解决的问题。高等教育在社会发展过程中同时具有超前性和滞后性，招生录取并培养四年是高等教育的超前性；但几年后学生毕业时却又常常会发现所学专业已落后于市场的发展和变化，这就是高等教育的滞后性。这种现象在近年的就业工作中具体表现为：有些专业的毕业生属于社会发展大量需要的，但是高校招生计划未能及时调整，致使这些专业的毕业生总是处于供不应求的状态；相反，一些专业已经成为鸡肋专业，但高校并未缩减招生人数，致使这些专业的毕业生在就业时面临极大的困难。随着毕业生就业市场发展改革的不断深化，高校面临着如何根据社会发展变化而进行专业设置调整等一系列问题。

6.社会对于毕业生的需求存在着结构性矛盾

简单来说就是毕业生就业时存在着"需而不求"的矛盾。目前，我国部分行业正处于发展困难时期，如林业、地质及部分农业方面，由于科技落后、经费不足的限制，致使各方面人才都比较欠缺；与此同时又没有优惠的条件去接收这些专业的毕业生，这就是"需而不求"的一种表现。而旅游、司法等行业都处于快速发展阶段，从业人员素质、水平参差不齐，急需补充优秀人才，但由于编制有限，没有余地接收更多具有专业知识的毕业生，这是"需而不求"的另一种表现。

此外，如环境保护、环境监测、安全工程等行业，本来就属于高度重视并积极建设的行业，但由于一些单位领导不重视这方面工作，资金投入不足，机构设置不合理，编制不足，致使原本薄弱落后的行业发展比较缓慢，从而使这些专业的毕业生就业变得更为困难。

二、大学生就业自身存在的问题

1. 知识转化率低

把知识物化为高效地创造生产力的能力才是当今社会对高学历人才的真正要求。然而，据统计，应届大学生到岗工作，对所学专业知识实际应用率不足40%，而且多数学生表现出所学过的知识根本无法转化成在岗实际能力的情况。我国大学生进入社会的一般适应周期为1~1.5年，即1~1.5年才能独立完成工作，由此可以看出，当今一些大学毕业生缺乏一定的工作适应能力和自我调节能力。

2. 就业理念滞后

大学生就业理念受各种社会价值取向的影响，其就业理念主要存在四大误区：①"宁愿出国带光环，不在国内做职员。"据不完全统计，我国部分重点院校许多学生毕业首选出国，不考虑家庭承受力的大小和自己所学专业是否适合等因素，结果"海归"变成"海待"。②"宁到外企做职员，不到中小企业做骨干。"我国就业市场反映，人才需求最大的是中小企业。中小企业具有发展空间大、平台广阔、体制机制不断创新等优势。大学生到中小企业工作，更能体现自己的价值，更能发挥自己的作用，更能激发自己的潜能，有利于自己的职业发展，易于产生成就感。然而一些大学生更热衷于外资企业，不愿待在我国的中小企业。③"创业不如就业。"多数大学生认为，创业艰难，创业不如就业。只有少数大学生认为就业找饭碗不如创业谋发展，积极准备创业。④"就业难不如再考研。"一些大学生找工作总落实不了工作单位，或者对找到的工作单位不满意，就选择了继续读书，考取研究生继续深造。

3. 价值判断盲目

在求职择业过程中，不少大学生对自身定位不清，价值判断盲目，存在攀比、求高、自卑等心理。一些大学生在攀比心理影响下，即使某一单位非常适合自身发展，但因某个方面比自己同学选择的就业单位存在些许差别，因此就放弃就业机会，导致事后后悔不已。另外，单向考虑自己的择业就业理想，要求用人单位各个方面都十全十美，从工资、福利、待遇、住房、地理位置到工作环境等无不在其考虑之中。这种定位不合理而产生高期望值的盲目求高心理，往往使自己与适合的用人单位失之交臂，出现人们常说的"高不成低不就"的状况。而自卑心理往往使毕业生没有信心和勇气面对求才若渴的用人单位，甚至把自身的长处也退化成了短处，从而严重影响了自己的就业与择业。

4. 没有做好职业规划

很多大学生到了大四才开始着手就业的各项准备工作，结果各项准备工作都做得不细致、不扎实。去企业应聘时，有些大学生更是一问三不知，对应聘企业的业务没有一点儿了解。这种情况导致企业对大学生失去信心，认为大学生只会读书，没有一点儿实际能力，不愿意招聘大学生。究其原因，大学生没有拟定职业规划，没有尽早为就业做好准备。所以大学生必须做好职业规划，同时认真实施职业规划。

拓展阅读

大学生就业难多问几个为什么

观念陈旧，意识不强

"为什么我在你们这里办理了人事代理，填了求职登记表，求职简历也留了下来，但还是没有找到工作？"工作人员每天都会遇到很多这样的疑问，一些大学生的就业观念陈旧，有的甚至以为现在还像以前"分配"工作一样，只要做了登记，就能找到工作。

"现在很多大学生找工作难，主要是因为一些大学生择业观念淡薄、对自己定位不明、缺乏吃苦耐劳的精神。同时很多人不自信，对自己所学专业没有一个清楚的认识，不知道该从事什么样的工作，找工作自然就很茫然。"工作人员讲到。

你们工作难找，我们人才难招

大学生工作难找，用人单位却普遍反映难招聘到人才。"长期招聘无果""留不住人才""招聘成本高"成了企业人才招聘的难题，一些企业连续多次参加招聘会，每场都有求职者报名，但是成功率却很低。"现在高等教育培养出来的人才与用人单位的要求差距很大，很多企业不是要高学历，而是要做好工作的人才。上次一个会计专业的毕业生来应聘，我们给了他相关的材料，让他做一个报表，他居然不会做，这样的人我们怎么能用？很多人是学而不精，更谈不上广。"某企业负责招聘的工作人员讲到。

一线岗位"冷"，技能人才缺

"前不久，有一个企业在我们这里招聘，只招一个文员有近40人报名，而销售人员的8个招聘名额却只有3个人报名。"工作人员说："这样的现象，我们经常遇到，求职者和企业的需求差距太大。"

"很多大学生认为，文员就是我们所说的'白领'，而销售就是'蓝领'，而且销售工作很多都是全国各地到处跑，很辛苦，而文员工作地点则相对比较固定，很多女孩子青睐文员工作，竞争当然就不会小。"某公司张经理讲到。就实际情况而言，很多企业还处于劳动密集型阶段，许多一线岗位却频频遭到求职者的"冷遇"。同时，一些行业的技能型人才相当紧缺。

自主创业也是一条好出路

对于大学生就业的激烈竞争，某公司人事部马经理认为："大学生就业还有一个比较大的误区就是，认为只有找到了工作才算是就业了，实际上并不是这样，创业也是一条比较好的就业出路。"

王先生去年大学毕业后，没有急于找工作，而是和朋友一起创业，谈到自己的经历，他讲道："现在很多人一毕业就急着找工作，去年我去参加招聘会，看见现场人山人海，我就想，干脆创业算了。现在创业还有很多优惠，大学生应该转变一下观念。"

三、大学生就业面临的重大机遇

1. 大学生就业问题得到了前所未有的重视

党和国家对大学毕业生就业高度重视，每年都会根据不同的就业形势，出台相应的就业政策和措施，为引导、协调、安排毕业生就业提供强有力的保障。各级政府和高校因势利导，拓宽就业渠道，最大限度地保障毕业生就业。各地制定的有关人才政策也越来越有利于毕业生就业。

2. 就业市场逐步完善

伴随着知识经济时代的到来，就业信息的传播方式也发生了新的变化，这种变化不仅使毕业生就业逐渐实现信息化、网络化的，而且也促进了毕业生就业市场从传统的劳动密集型管理模式向以信息技术为基础的现代管理模式转变。随着毕业生就业人才市场的建立和完善，相关的规章制度也相继确立，为大学生就业提供了保障。

3. 社会需求总体上仍供不应求

根据2010年第六次全国人口普查资料和联合国经济合作与发展组织资料分析，中国2010年接受高等教育的人数每100人中不足10人，而在发达国家中这一比例远高于我国。我国并不存在大学毕业生已经多得分不出去的问题，中国仍是人才奇缺的国家。少数单位存在着人员老化：文化素质偏低、办事效率不高、人才出现断层等问题，这种"假饱和"状态最终必定会被良性的人才配置所代替，低年龄、高素质的大学毕业生在良性人才配置中占据着明显的优势。

4. 中国经济飞速发展使就业空间进一步加大

据统计，中国国内生产总值到2020年要比2000年翻两番，每年国内经济增长速度也保持在7%左右。专家预测经济增长速度每增加一个百分点，就会增加80万个到100万个就业岗位。随着科教兴国战略的逐步实施，我国经济体制和经济增长方式也在发生巨大的变化。产品结构的优化、产品质量的提高、企业经济效率的提高，都将促使科技在我国国民经济中的贡献率进一步加大。要实现这些要求，归根到底就是要提高劳动者的素质，优化从业人员的知识技能，改善经营管理，这就为大学毕业生就业提供了一个广阔的空间。

5. 非公有制单位对高校毕业生的需求急速增加

随着社会的快速发展，社会对人才的需求也越来越大。非公有制企业、乡镇企业也为毕业生就业提供了更多的机遇，广大基层和经济欠发达地区更为毕业生提供了施展才华的舞台。非公有制经济作为市场经济的重要组成部分，正在飞速发展，在国民经济领域中占据的地位也越来越重要，对人才的需要也已超过国有单位。

6. 高新技术企业对高新技术人才的需求量日益增大

随着科技的不断发展，高新技术企业的数量也在快速增长，对与它们相关专业毕业生的需求也越来越大。与这些企业相关的专业，如计算机及应用、计算机软件、通信工程等，人才的需求量在就业市场上每年都位居前列。目前，各地、各行业都在积极吸引高新技术人才，争相为其提供优惠条件，创造良好的工作、生活和学习环境。这种日益浓厚的尊重知识、尊重人才的社会风气，会为大学毕业生创造更多的就业机会。

7. 西部大开发需要大批人才

西部大开发是我国跨世纪发展战略，这一战略的实施需要大批德才兼备的人才。西部的生态重建、资源开发、城市化建设、经济社会的快速发展等都为大学生就业提供了宽阔的舞台。随着西部大开发的实施，西部省份各级政府也相继出台了一系列的人才优惠政策，从而吸引更多大学毕业生到西部工作。

8. 基层单位和边远艰苦地区急需人才

基层单位是指各行各业最基本的第一线的单位，如街道办事处、村级组织、生产车间等。边远艰苦地区是指经济欠发达的地区，如西部地区。基层单位和边远艰苦地区人才需求量很大，可以说各行各业都需要大批人才，而实际的情况是很多单位根本就招不上人。当代大学生应有担当，勇于到基层单位和边远艰苦地区去建功立业。

四、大学生就业的政策保障

我国政府和社会各界都非常重视大学毕业生的就业工作。从中央到地方，各级政府都制定了关于推进毕业生就业的政策，动员并支持社会各界、各行业、各单位以最大的可能性接收大学毕业生就业，并且形成了引导和鼓励高校毕业生到基层、艰苦地区、中小企业、非公有制企业等单位就业的一系列政策和较为完善的就业制度。

（一）国家层面

面对着严峻的就业形势，国家制定出了一系列政策，促进大学毕业生顺利就业。

（1）鼓励和支持高校毕业生到基层工作。支持高校毕业生参与支教、支农、支医、扶农，到基层挂职锻炼。对于愿意到基层工作的毕业生，国家将根据工作需要从中选拔优秀人员到县、乡机关和学校及其他事业单位担任重要工作，或充实到基层金融、工商、税务、公安等部门工作，并明确规定以上单位的人员和专业技术岗位原则上都要具备大学以上学历并要有相关的专业证书。

（2）鼓励和支持高校毕业生到西部地区或欠发达地区工作。对原籍在中、东部或发达地区的毕业生到西部或欠发达地区工作，实行来去自由的政策，根据本人意愿，户口可迁到工作地区也可迁回原籍，由政府主管部门所属的人才交流机构提供免费人事代理服务，并根据实际情况可提前晋级或适当提高工资标准。

（3）促进人才合理流动，企业用人自主。鼓励用人单位根据实际需要招聘高校毕业生，取消对高校毕业生收取的城市增容费、出省（市）费、出系统费等不合法、不合理的收费项目。省会以下城市要放开对高校毕业生落户的限制，省会及以上城市也根据需要积极放宽高校毕业生就业落户的规定，简化有关手续。

（4）支持毕业生到非公有制单位就业和自主创业。对于到非公有制单位就业的高校毕业生，公安机关要积极放宽政策，放宽建立集体户口的审批条件，及时、便捷地办理落户手续；用人单位要按照国家有关规定与所聘的毕业生签订劳动合同，为其办理社会保险手续、缴纳社会保险费，保障其合法权益不受损害；对从事个体经营和自由职业的毕业生提供灵活就业的劳动和社会保险，为他们提供帮助和服务；对自主创业的毕业生，银行、工商和税收部门要简化行政手续，给予贷款、税收等方面的照顾和支持。

（5）建立毕业生失业登记制度。国家要求各级政府为每年9月1日后未能就业的毕业生办理失业登记。劳动和社会保障部门所属的公共职业介绍机构和街道劳动保障机构应免费为其服务。对已登记失业的高校毕业生，有条件的城市、社区可组织其参加临时的社会工作和社会公益活动。对于因患病等原因短期内无法工作且无固定经济来源的高校毕业生，可由民政部门参照当地城市低保标准予以临时救济。

（6）国家在一些特定行业和部门专门招收大学毕业生就业。具体有公务员招考录用、事业单位招收录用、大学生应征入伍、农村特岗教师、西部志愿者计划等。

（二）学校层面

（1）学校设有专门机构负责毕业生就业创业工作。学校有专门校级领导负责大学生就业创业工作，有专门的就业处或就业创业指导中心负责大学生就业创业全方位的工作。其主要职责是落实上级关于大学生就业创业的政策规定，设计并开设就业创业课程，搭建职业需求信息平台，组织各类招聘洽谈会，全程帮助和指导大学生就业或创业，办理派遣、户口迁移等手续。

（2）加强对大学生就业创业教育培训和指导。各学校按照上级要求并结合社会需求，大都成立了就业创业教育教研室，专门开设了就业创业课程，帮助大学生认清就业创业形势，拟定职业生涯规划，为顺利就业、创业做好各方面的准备。

（3）建立创业需求信息平台，鼓励毕业生应聘。各高校利用各种媒体广泛收集和发布需求信息，为大学生提供真实可靠的用人单位供毕业生择业，尽最大努力实现毕业生的充分就业。

（4）与用人单位建立广泛联系和合作，推荐毕业生就业。各高校与社会各界及企事业单位都建立了广泛的联系和合作，特别是与用人单位的关系更为密切，其联系合作的方式多种多样。在毕业生就业上的合作有联合培养、定向培养、订单培养、免费培养、来校招聘等，极大地扩展了毕业生的就业渠道。

（5）定期召开不同类型的招聘会，促进毕业生就业。在毕业生择业期间，学校会组织多种类型的招聘会，有学校单独组织的，有几所学校联合组织的，还有学校和人事部门共同组织的。毕业生在招聘会期间，可以与用人单位充分交流洽谈，签订招聘协议。

（6）协助毕业生解决在就业创业过程中遇到的各种问题。学校就业创业指导部门有专门的工作人员负责接待和处理毕业生在就业创业过程中遇到的问题，如办理派遣手续、档案转移手续、户口迁移手续，补发相关证书，解决在办理各种手续过程中出现的问题，协助毕业生解决就业创业过程中发生的纠纷，维护毕业生的权益。

所以大学生必须做好职业规划，同时要认真实施职业规划。

拓展阅读

心态、观念、行为——哈佛大学校长的就业三法则

哈佛大学校长德雷科鲍克提出了"新世纪择业的三条法则"。

一、心态法则

每位求职者都希望找到一个既能发挥自己特长、待遇又很高的工作。然而在实际择业的过程中，这样两全其美的好事确实很难如愿。这其中的原因主要有以

下几种：

(1)"小毛驴的犹豫"。许多人在择业时都会存在"小毛驴的犹豫"。一头小毛驴在干枯的草原上好不容易找到了两堆草，但是一再迟疑，不知道吃哪堆草更好，结果被活活饿死了，这个故事就告诫我们：人的期望值不能太高，在选择时要痛下决心，绝不可以左顾右盼而坐失良机。

(2)做梦娶美人。这是求职者普遍存在的又一种现象：志大才疏，眼高手低，大事做不来，小事不肯做。这种人想干好工作、成就事业，只能是做梦娶美人——尽想好事。

(3)总想捡个大西瓜。求职者往往在择业时挑肥拣瘦，到头来却两手空空，一事无成。因此，在择业前，应当把自己的专业特长与用人单位的实际需求结合起来，对照、衡量后再去择业。

二、观念法则

(1)看重工作发展前景胜于薪水。随着竞争的加剧和收入的普遍提高，个人的发展和前途已成为求职者关注的焦点。选择工作时，薪水不再是毕业生择业的首要考虑因素，取而代之的是个人发展和企业前景。

(2)先就业，后择业。尽管各国的经济形势有所不同，但对于求职者择业而言，受工作经验因素的制约，要想一开始就找到一份理想的工作，还有一定的难度，所以"先就业，后择业"的观念正开始流行。

(3)自己当老板。给别人打工，只能听老板的，有许多创意和抱负只能在胸口憋着。社会的发展为大家提供了许多便捷条件，不少人自立门户开起了公司。

(4)在工作中学习。职业发展需要的东西大多是可以在工作中获得的，因而那些体制完备、发展成熟，能够提供系统化、职业化、规范化学习的企业，成为求职者的首选。

三、行为法则

(1)"大格局"思考。再远大的目标也可以通过切实可行的办法来实现，因此要运用你最强的欲望、充沛的精力来改变你的人生方向。

(2)对自己许下坚定的承诺。《自辟蹊径》一书的作者洛尔说："仅仅想要，甚至极想要，什么结果都不会有。除非你矢志要完成某事，并且做到实现它的必要步骤，你的志向才可能不致落空。"

(3)保持平静，准备逆来顺受。你照常上班，沉着应对你的同事，并且尽量服务于他们，即使一时无法跳槽，你也可以将压力减到最低程度，并保留可贵的精力。

(4)丢弃"我家是蓝领阶级"的悲情。你没上过哈佛，照样可以上图书馆、上互联网、使用电话，建立正常的知识体系和人际关系网。

第二节 大学生创业形势和政策保障

创业是时代的产物，在人类跨入 21 世纪的时候，创业更是在世界范围内迅猛发展。经济全球化、信息网络化、科技社会化和知识资本化的浪潮已经向我们扑面而来，一个充满机遇和挑战的时代正向我们走来，自主创业的新时代已经来临。

一、大学生创业蓬勃兴起

创业作为一股世界潮流，20 世纪 80 年代后从西方世界到东方世界蓬勃兴起。一些著名的学者认为 20 世纪 80 年代后美国经济的强劲增长和旺盛的活力，关键在于其整个社会旺盛不衰的创业精神和千百万家小型企业生生不息的创业活动，它们是美国经济增长的秘密武器。

20 世纪 80 年代，美国一些高校开始开展创业计划大赛，推进了创业大潮的兴起。自 1983 年美国德克萨斯州大学奥斯汀分校举办首届创业计划竞赛以来，美国已有包括麻省理工学院、斯坦福大学等世界一流大学在内的 20 多所大学每年都举办创业计划竞赛。Yahoo、Excite、Netscape 等公司就是在斯坦福校园的创业氛围中诞生的。麻省理工学院的"五万美金商业计划竞赛"已有 10 余年的历史，影响非常之大。1990 年到现在每年都有五六家新的企业诞生，并且有相当数量的"计划"被企业以上百万美元的价格买走。据统计，美国最优秀的 50 家高新技术公司有 46% 出自麻省理工学院的创业计划大赛。

在中国，改革开放 40 多年来，民办企业成为一股潮流，中小企业迅速崛起，在数量上超常增加，在质量上不断提高，对社会经济的影响越来越明显。截至 2010 年年底，我国私营企业达 845.5 万户，占全国实有企业总数的 74.4%，较 22 年前增长了 90 倍，注册资金增长 2200 多倍，从业人员增长 54 倍。

1998 年 5 月，清华大学举行了首届大学生创业计划大赛。自 1999 年清华大学学生首开大学生创业先河——创建北京视美乐科技发展有限公司后，大学生创业热在全国迅速传播。虽然那些大学生创办的企业大多以失败而告终，但他们的理念、思路并没有随着企业的倒闭而停止。因为创业首先是一种创新，包括技术上的创新和理念上的创新。我国要创建创新型国家，大学就要成为创新型大学，大学生就要成为创新型大学生。大学生自主创业加快了我国成为创新型国家的步伐。而且，大学生创业也不乏一些成功的佼佼者，马云、孙德良、张朝阳等就是他们中的代表。

大学生创业的潮流不可阻挡。在当今中国的教育体制和就业背景下，大学生创业一方面可以增强大学生自己的动手操作能力、组织协调能力、心理承受能力、团队合作精神和社会适应能力，经过锻炼和不懈努力可以干出一番事业；另一方面也能带动其他大学生就业，是解决大学生就业问题的一个比较现实的选择。

二、大学生创业的重大机遇

对创业者来说，创业与环境紧密相关，环境不仅决定着创业的价值观，而且决定着创业的行为方式。当前，社会主义市场经济体制的建立、知识经济的蓬勃发展，为大学生创业提供了有利的宏观环境。毕业生就业体制，由过去计划经济的"统包统分"变成了今天的走向市场"双向选择，自主择业"。高等教育体制改革的不断深化，使大学生的就业观念发生了新的变化，自主创业或在岗位上实现创业已成为大学生创业创新的一个亮点。

1. 稳定和谐的社会环境是大学生创业的前提条件

改革开放40多年来，在经济迅速发展的同时，我国的政治体制改革稳步进行，公民的民主法治观念逐步加强，和谐社会正在稳步建设中。这是大学生创业的时代条件和政治保证。

2. 市场经济的发展是大学生创业的经济条件

市场经济的健康发展不仅给大学生创业打下了坚实的物质基础，而且给大学生创业提供了广阔的市场空间。市场经济的发展，一方面使得人才能够自由流动，资源得到优化配置，对创业者越来越有利；另一方面，市场经济也使大学生的就业形势日趋严峻，这种现状迫使大学生改变就业观念，选择自主创业。

3. 国家的法律、法规和政府的政策是大学生创业的保障

尽管大学生创业是大学生个人的选择，但同样离不开政府政策及国家法律法规的支持。从2002年以来，国务院办公厅及有关部门陆续制定、出台了一系列相关政策，支持鼓励大学毕业生通过各种渠道、各种形式进行创业。各级地方政府纷纷设立"大学生创业启动基金"，鼓励大学生参与创业。各个高校也依托自身的创意创业区，为大学生创业提供创业场所和创业指导。

三、大学生创业中的误区

1. 动机不明

每个人对创业都有着不同的理解，创业动机也千差万别。对创业者而言，最初的创业动机可能直接决定了以后的创业结果。如果仅仅为了追求时尚，或是为了得到财富，或是迫于目前的窘境，而没有把创业作为一项事业、一种理想，并做好为事业、为理想不懈奋斗的充分准备，那么创业活动很可能在成功之前就半途而废了。

2. 眼高手低

比尔盖茨的创业神话及近年来不断涌现的互联网创业故事，使IT产业、高科技产业成为大学生眼中的创业金矿，以至于不少大学生比肩于从事服务业或技术含量较低的行业，认为凭借自己的专业知识也一定能够再次书写创业神话。

创业的成功往往是多种因素共同作用的结果，除扎实的专业知识之外，丰富的创业经验、畅通的资金渠道、合理的创业者素质等都会直接或间接左右创业的结果。大学生如果对自身经验和能力认识不足，对创业的期望值过高，一开始就定位较高，很容易失败。因此，大学生要放平心态，从基层做起，从实际做起，走稳创业的第一步。

3. 纸上谈兵

缺乏经验是目前大学生创业中普遍存在的问题。不少大学生创业者不对其产品或项目做市场调查，而是进行理想化的推断，经常以失败而告终。所以大学生创业初期一定要做好市场调研，一些可行性研究可委托专业机构进行，在了解市场的基础上创业才能成功。

四、大学生创业的政策保障

近年来，随着我国创新型国家建设的推进，以及高校毕业生就业压力的不断加大，国家对于大学生创业问题越来越重视。为支持大学生创业，中央和地方各级政府出台了许多优惠政策，涉及融资、注册、税收、创业培训、创业指导等诸多方面。

（一）国家有关大学生创业的政策

（1）在注册资金方面的优惠。大学生毕业后两年内自主创业，到创业实体所在地的工商部门办理营业执照，注册资金在50万元以下的，允许分期到位，首期到位资金不低于注册资金的10%（出资额不低于3万元），一年内实缴注册资本追加到50%以上，余款可在3年内分期到位。

（2）税收优惠。毕业生新办从事咨询业、信息业、技术服务业的企业或经营单位，经税务部门批准，免征企业所得税两年；新办从事交通运输、邮电通信的企业或经营单位，经税务部门批准，第一年免征企业所得税，第二年减半征收企业所得税；新办从事公用事业、商业、物资业、对外贸易业、旅游业、仓储业、居民服务业、饮食业、教育文化事业、卫生事业的企业或经营单位，经税务部门批准，免征企业所得税一年。

（3）政府创业贷款扶持。2006年，中共中央组织部、中共中央宣传部、教育部等14个部门联合下发的《关于切实做好2006年普通高等学校毕业生就业工作的通知》中规定，进一步落实针对大学生的小额担保贷款，简化程序，提供开户和结算便利。贷款额度在3万~8万元，贷款期限两年，免利息。

（4）给予行政人事方面的服务便利。政府人事行政部门所属的人才中介服务机构，免费为自主创业毕业生保管人事档案两年；提供免费查询人才、劳动力供求信息，免费发布招聘广告等服务。

（5）在收费项目方面的优惠。凡应届高校毕业生从事个体经营的，除国家限制的行业（包括建筑业、娱乐业及广告业、桑拿、按摩、网吧、氧吧等）外，自工商部门批准其经营之日起，一年内免交登记类和管理类的各项行政事业性收费。

（6）为大学生提供免费创业教育培训。2012年教育部印发《普通本科学校创业教育教学基本要求（试行）》的通知，要求切实加强普通高等学校创业教育工作，本科院校必须将创业教育纳入学校教学体系。自2013年开始，国家人力资源和社会保障部将参加免费创业培训的对象从原来的已毕业大学生扩大到毕业学年应届大学生。这将有助于更好地提升大学生创业意识和创业能力。

（二）地方政府关于大学生创业的政策

根据国家对大学生创业的扶持政策，我国各省市地方政府都对大学生自主创业给予不同程度的支持。总体来看主要从创业贷款及创业基金、减免各类收费项目、建立创业服务平台等方面来对大学生的创业进行支持。

1. 大学生创业贷款优惠政策

陕西省政府先期投入5000万元设立"陕西省高校毕业生创业基金"，用于扶持高校毕业生自主创业。在当地公共就业服务机构登记失业的高校毕业生，自主创业自筹资金不足的，可向当地银行申请不超过10万元的小额贷款，创业基金管理部门（全省各级人力资源和社会保障部门所属的小额贷款担保中心）提供担保。高校毕业生申请小额担保贷款并从事微利项目的，由财政给予贴息。

西安市政府为鼓励大学生自主创业，设立了"西安市扶持大学生自主创业贷款基金"。同时成立了西安市扶持大学生自主创业贷款（简称创业贷款）工作协调办公室，由西安市创业办公室牵头，市金融办公室、市财政局、市科技局、市劳动保障局、市人事局、市商业银行等部门为成员单位。市政府以5000万元托底资金担保，由商业银行放大5~10倍为大学生发放创业贷款。贷款金额在5万~50万元，贷款期限两年，由政府全额贴息。

2. 减免大学生创业的各类收费项目

为了更好地发挥工商管理部门的作用，全力改善创业环境，激发创业潜能，大力推进全民创业，西安市工商部门针对大中专毕业生制定了相应的创业扶持政策。①大中专毕业生毕业后5年内从事个体经营的（国家限制的行业除外），3年内免交登记类、管理类和证照类收费。②创办公司3万元即可登记，允许投资人首期注册资本到位10%，剩余部分可在3年内全部到位，并允许货币出资低于30%。2013年西安市工商局制定了"零注册"政策，降低大学生创业门槛。③高校毕业生办理工商登记时，只需提交有效房屋租赁合同，无须再提交相关产权证明文件，允许用自有或租赁的住房兼作经营场所。

3. 面向大学生的创业服务平台

对于初次创业的大学生来说，不仅需要保障创业活动正常进行的"硬件资源"，也需要各种信息、商务服务等"软件资源"。创业服务平台以各类创业群体为基本服务对象，通过开放性和标准化的规划设计，将一系列人财物等资源经过有效整合而形成的一种集成，并通过这种集成连接扩大至其他企业组织和各类服务提供者，从而降低创业群体的创业成本，提高生存率，加快发展进程。其本质是为创业者提供管理、技术、市场、培训、融资等"一条龙"服务的公益性服务机构。面向大学生的公共服务平台主要有大学科技园、留学人员创业园。

大学科技园是以大学（特别是研究型大学）为依托，利用大学的人才、技术、信息、实验设备、文化氛围等综合资源优势，通过包括风险投资在内的多元投资渠道，在政府政策引导和支持下，以转化科技成果、孵化高新技术企业、培养创新创业人才、提供产学研平台为主要任务的创业服务机构。其孵化企业的条件如下：

（1）企业注册地及工作场所必须在大学科技园的工作场地内。

（2）新注册企业或申请进入大学科技园前企业成立时间一般不超过3年。

（3）企业在大学科技园孵化的时间一般不超过3年。

（4）企业注册资金一般不超过500万元。

（5）迁入的企业，上年营业收入一般不超过200万元。

（6）企业租用大学科技园孵化场地面积不大于1000平方米。

（7）企业负责人应熟悉本企业产品的研究、开发。

留学人员创业园依托创业服务中心良好的软硬件环境基础，通过积极吸引留学人员在国内兴办科技企业和从事高新技术研究，进而培育具有国际先进技术水平的高新技术企业。从服务对象上看，留学人员创业园只针对留学归国人员创办的企业；从功能定位上看，留学人员创业园的功能则主要定位于提高区域的创新水平和科技能力，促进科技成果市场化；从模式上看，绝大多数的留学人员创业园目前都由政府主导建立或高校建立。

第三节　大学生就业创业应尽早谋划

一、大学生应认真对待就业创业

第一，要提高对就业创业的认识，在思想上要高度重视。目前，很多高校在大学生中广泛开展中国梦教育实践活动，希望大学生把中国梦与自己的理想紧密结合起来，脚踏实地，努力实现梦想。还有的高校在大学生中开展"我为什么要来到大学""走出大学要干什么"等讨论活动。这些活动对大学生提高就业创业意识、高度重视就业创业有着十分重要的作用。大学生正确对待就业创业，具体分为三个方面：一是审视自我。在就业创业之前，要对自身的优势和劣势进行正确的评估，了解自己是否具有就业创业的素质和能力。二是心理方面的准备。就业或创业是一件极具挑战性的事情，其过程是曲折艰辛的。这就需要做好充分的心理准备，妥善应对就业创业过程中所遇到的风险和激烈的竞争。三是资源整合。资源是就业创业必不可少的关键因素，创业者整合资源能力的大小决定着创业的成败。这就要求大学生具备良好的人脉资源、丰富的信息资源，并不断地提升个人的知识和技能。

第二，要认真做好职业规划，确定自己的职业目标及人生目标。职业规划对于大学生有着极其重要的作用，具体来说表现为以下几点：首先，有职业规划的人会很容易在众多机会中选择一种最适合自己的。因为他早就认定了自己适合做什么，而且已经为此做了种种准备工作。而没有职业规划的人在机会来临时，并不知道自己适合什么，从而错失良机。其次，没有职业规划，就没有生活的准则和方向，容易被别人牵着鼻子走。

第三，要为实现目标努力奋斗。实现目标有许多事情要做，包括拟定实现目标的计划，自己综合素质的提升，特长的不断发展，还必须艰苦奋斗、攻坚克难、坚持到底。

你自身性格适合创业吗？你的决策和组织能力如何？是否具备创业的决策和综合管理能力？是否可以长时间保持创业热情？自己的身体条件适合创业吗？你的父母、亲戚、朋友支持你的创业计划吗？你是否可以承受创业初期所遭遇的风险？

二、大学生应树立正确的就业创业观

先就业再择业，先就业再创业、毕业就创业，目前，毕业生在择业过程中正在形成新的就业观、创业观。

第一，不必急于在短时间内找一个固定的"铁饭碗"。首先，要树立不断进取的职业流动观念，并学会在流动中发现机会、抓住机会、把握机会。其次，树立创新意识，努力提高自主创业能力。自主创业是通过采取单干、合伙等方式创办公司或其他企事业单位，并依法获得劳动报酬的就业方式。自主创业给具有创造力和活力的大学生提供了就业和深造以外的"创新之路"。

【案例】

大学生利用微信开办购物平台，做起小生意

陕理工一号店，一个微信购物公众平台，是由陕西理工学院数学与计算机科学学院的占位大三学生创办的，主要经营同学们最喜爱的水果和零食，上线半个月关注人数就已经突破了1100人。

"现在微信很火，大家都在玩，寒假的时候我受到滴滴打车软件的启发，便想尝试着开家微店，因为我们网络工程专业研究的就是软件开发。"他们的网店创始人之一周浩回忆着自己最初的创业路程，手里还不时关注着自己的购物平台。闲来无课时，周浩就开始做起了市场调查。说干就干，召集舍友，从开始筹备到"微店"正式上线，只用了短短不到20天的时间。该"微店"只针对校园用户，主营备受同学们喜爱的水果、酸奶、零食、饮料等，接单之后送货上门。上线当天就有同学下单，好评连连，回头客不断。"我们现在的课少，早上10点以后就没课了，大部门同学都是在晚上下单。"合伙人袁宇鹏说，"我们一般去小食品、水果批发市场只进总共200元左右的货，卖完再去进。当收到同学下单的信息后，忙碌的工作就开始了，称重、打小票、送货上门等一系列活儿，谁有空谁就来做。"周浩说："大家积攒了自己的生活费做成本，现在每天的生意慢慢好起来，更开心的是，现在学校的老师也开始下单购买水果了。目前每天的营业额在70元左右，虽然不多，但是大家对微店的未来充满了信心。"

第二，要树立从基层做起的理念，到祖国最需要的地方去。2003年，国家开始实施大学生志愿服务西部计划。2005年开始，国家全面、大规模倡导高校毕业生到基层就业。毕业生应充分认识到基层是年轻人成长的广阔舞台，应有志于服务基层、建设基层。

第三，干一行爱一行，要做就做到最好。

第四，增强受挫能力，走向成功。创业成功与否，不仅取决于是否有强烈的创业意识、娴熟的专业技能和卓越的管理才华，更大程度上取决于面对挫折、摆脱困境和超越困难的能力。

【案例】

刚上大学时,刘瑞听说做返利网很赚钱,便也打算做一个。他第一时间想到了曾一起在饭店打工的马凯,于是两人开始了第一次合作。但由于种种原因,创业无疾而终。刘瑞说:"虽然第一次创业让我们赔了钱,但是也让我们学到了很多知识,增强了彼此的信任。"第二次创业,刘瑞将目光放到了自己从小接触的土地上。他清楚地认识到现在城市的很多人都崇尚绿色无公害,土特产就很符合这一理念。于是他将公司主销产品定义为小米、核桃、大枣及各种衍生品,最终实现了自身的创业梦想。

三、大学生创业应尽早谋划

凡事预则立,不预则废。无论是就业还是创业,大学生都必须尽早做好规划,并认真实施规划。一是一进大学就要做好职业规划。学习和掌握拟定职业规划的基本知识和方法步骤,与家长、老师、同学深入探讨和交流,使自己拟定的职业规划更加客观科学,更具操作性。二是依据职业规划和就业创业的实际需要,做好就业或创业各方面的准备。包括职业道德、专业知识与技能、人际关系、社会实践、各种证书等。三是一定要尽早。拟定职业规划,为实施计划做好各方面的准备,以实际行动实现目标,都必须早思考、早安排、早行动。只有这样,才能实现职业目标,体现出自己人生的价值。

拓展阅读

创业与就业的差异

(1)角色差异。创业者与就业者在企业中的地位、所肩负的责任和使命均有较大差异。创业者通常处于新创企业的高层,在企业实体的创建过程中,创业者始终是负责人,始终参与其中;而就业者通常处于中低层,到达高层需要一个过程,也不需要对企业的成长负责,只需要做好本职工作就可以了。

(2)技能差异。创业者通常身兼多职,既要有战略眼光,也要有具体的经营技能,从而要求其具备相当全面的知识和技能;就业者通常具备一项专业技能即可开展自己的工作。

(3)收益与风险差异。就业的主要投入是数年的教育成本;而创业除了教育成本,还包括前期准备中投入的人力、物力和财力。一旦失败,就业者并不会丧失教育成本,但创业者会损失在创业前期投入的一切成本;而一旦成功,就业者只能获得约定的工资、奖金及少量的利润,创业者则会获得大多数经营利润,其数额理论上没有上限。

（4）成功的关键因素的差异。就业可以完全依靠企业实体；但创业更多的还要考虑自身的经验、学识与财力，以及各种需求和各种资源的占有等条件。

第二章 大学生职业规划的制定

第一节 职业规划的重要性

职业规划是指在对个人和外部环境进行综合分析评估的基础上,以具体文案的形式对个人的职业目标进行的有效规划。做好职业规划,是大学生一进大学校门就必做的功课,而且必须做好。

一、为找到心仪的工作和实现人生梦想奠定基础

职业是在社会分工过程中逐步形成的,职业可以说千差万别。对于一个刚刚步入大学校门的学生来说,选择职业好比雾里看花,只知道自己所要学的专业,而不知道自己大学毕业后能从事什么职业。大学生应清醒地认识到,职业的多样性和个体差异的存在,每个人都不可能适合社会上所有的职业。对于个人来说,必须结合自己的爱好专长做出正确的选择。大学生只有根据自己的特点并结合社会和各行业发展的需求等外部环境因素做好职业规划,才会有明确的指向性、目的性和现实性,不会盲从,不会雾里看花。做好职业规划并持之以恒地为实现职业目标而努力,才会在大学毕业择业时胜出,找到自己心仪的工作,进而实现自己的人生梦想。

大学生有理想、立大志,于国于民,于己于人,都大有裨益。"百学必先立志,志不立天下无可成之事。"大学生唯有立大志,方可成大业。少年周恩来立下为中华崛起而读书的壮志,成就了救国救民、立国立民的千秋伟业;少年茅以升矢志造桥负笈苦学,克服重重困难,修建了第一座现代化桥梁。有志者事竟成。大学生拟定职业规划的过程,实际上是将自己的理想以具体文案的形式固化的过程,也是自己的梦想进一步明确的过程,对于采取行动实现规划、实现梦想有着

十分重要的作用。

二、实现职业目标和人生梦想成就一番事业

每个人都有理想，要把理想变成现实，必须做出具体的规划，包括对职业的规划、对爱情的规划等。有人说，一个人只有事业而没有爱情，人就会感到悲哀；一个人只有爱情而没有事业，人就会感到空虚。这话不无道理。人生要充实，要有意义，必须有自己的事业。这个事业说到底就是工作。工作既是为了自己，更多地是为了社会的进步与发展。无数事实证明，一个人有了自己的目标，并不断为实现这一目标而奋斗，就会成就一番事业。1970年，美国哈佛大学对当年的毕业生进行了一次人生目标调查，发现27%的人没有目标，60%的人目标模糊，10%的人有清晰的目标但是比较短期，3%的人有清晰的目标而且比较长远。25年后，哈佛大学对这一批毕业生进行了跟踪调查，结果发现当年那27%的人过得不如意，常常抱怨他人，抱怨社会；60%的人安稳地生活，但没有突出成就；10%的人短期目标没实现，成为各行各业中比较有成就的人士；3%的人一直朝既定目标不断努力，最终成为社会各界成功人士，其中不乏行业领袖、行业精英。

由此可见，成功源自清晰的职业规划。能够成就一番事业的人都有一个突出的特点，就是有目标、有行动，知道自己要做什么，也知道自己应该怎么去努力，最终成就自己的事业，也为社会做出了应有的贡献。

【案例】

施瓦辛格的职业规划

40多年前，一个十多岁的穷小子，身体非常瘦弱，却在日记里立志长大后做美国总统。如何能实现这样宏伟的抱负呢？经过思索，他拟定了一系列目标。

做美国总统首先要做美国州长——要竞选州长必须得到雄厚的财力后盾的支持——要获得财团的支持就一定得融入财团——要融入财团最好娶一位豪门千金——要娶一位豪门千金必须成为名人——成为名人的快速方法就是做电影明星——做电影明星前得练好身体，练出阳刚之气。

按照这样的思路，他开始行动。某日，当他看到著名的体操运动主席库尔后，他相信练健美是强身健体的好点子。他开始刻苦而持之以恒地练习健美，他渴望成为世界上最结实的壮汉。3年后，借着发达的肌肉，一身似雕塑的体魄，在以后的几年中，他囊括了各种世界级的"健美先生"称号。

22岁时，他踏入了美国好莱坞。在好莱坞，他花费了十年时间，利用自身优势，刻意打造坚强不屈、百折不挠的硬汉形象。终于，他在演艺界声名鹊起。当他的电影事业如日中天时，女友的家庭在他们相恋9年后，也终于接纳了这位

"黑脸庄稼人"。他的女友就是赫赫有名的肯尼迪总统的侄女。

2003年，年逾57岁的他，告老退出影坛，转而从政，成功当选为美国加州州长，他的下一个目标就是美国总统。

人生须有目标，有了目标并不懈努力，你就会有收获，就能够成就一番事业。

三、最大限度激发个人的动力源和潜能

目前，从各高等学校学生的实际情况来看，绝大多数学生都没有做好职业规划。即便是名牌大学，也没有多少学生认真做好职业规划。究其原因，一方面是学校没有尽到责任，没有教育引导学生做好职业规划，也没有单独设立就业与职业规划的必修课程。另一方面是学生职业规划的意识淡薄，没有这方面的知识与技能，也没有深刻认识到做好职业规划的重要作用。为此，教育部在大学生就业创业政策上，要求各高校加强对大学生就业创业的指导，开设就业创业指导课程，其中职业规划就是就业创业课程中的必备内容。按照教育部的要求，各高校相继开设了大学生就业创业课程，教育引导大学生树立正确择业观，做好职业规划，使大学生能够顺利就业，并提高就业质量。一个大学生如果不做好职业规划，就没有明确的目标和价值取向，就如沧海中的一舟，迷失方向，迷失自我，到头来只能是平庸。

通过了解自己，掌握自己的特点，正确设定自己的职业发展目标并制订行动计划，才能使自己的才能得到充分发挥。随着规划的一步一步实现，你的学习方式、思维方式、工作方式、沟通能力、行为能力等都将得到最大程度的提高。随着对规划的补充完善，你就会抓住重点，更加合理地安排日常学习和工作，最大限度激发自己的动力源和潜能，全神贯注于自己目标的实现，最终实现目标。也许有的人会说，计划永远赶不上变化。但是，幸运只垂青于有准备的头脑，在事业发展道路上，变化就是机遇，是在按着既定目标探索的过程中迎来的，没有既定规划，没有以积极的心态去努力实现规划，机遇很可能与你擦肩而过。有人说，职业规划，就是看准一条道一直走到底，这观点有可取之处。在设定的规划中，无论怎样变化，都应在总方向不变的前提下抓住变化这一机遇，以实现自己的职业目标，实现自己的人生梦想。

第二节　拟定职业规划的方法

职业规划应充分考虑人、环境、职业与事业之间的关系。一般来说，拟定职业规划分五个步骤，即自我评估、选择职业、确定职业目标、制订行动实施计划与措施、职业规划的调整。

一、自我评估

拟定职业规划，首先要进行自我评估。自我评估就是对自己的职业理想、职业兴趣、性格、学识、人际关系、智商、情商，以及组织管理能力、协调能力、应变能力等全面进行认识，目的是要正确而客观地认识自己、了解自己，掌握自己的特长与缺陷，发现自己的职业兴趣爱好并积极调整自己。只有正确而客观地认识自己，才能对自己的职业做出正确选择，才能选定适合自己发展的职业生涯路径，才能对自己的职业目标做出理性抉择。自我评估的内容包括职业理想、兴趣、特长、性格、学识、技能、智商、情商、思维方式与方法、道德水准及社会中的我等。

(一) 掌握自己的理想、职业兴趣

积极评估自己，真正了解自己想干什么，爱干什么，并且使二者有机结合起来。理想是相对稳定且长远的，是自己的大方向、大目标。而兴趣则是自己爱干、喜欢干、乐此不疲甚至于浑然忘我投入的事情。如果没有理想，只有兴趣，那就会原地打转，失去方向；如果只有理想，没有兴趣，那么理想也会变成空中楼阁，就会失去前行的动力。对于要从事的事业来说，最好是将理想与兴趣有机结合起来。这里要说的是，人的一生中，兴趣是会改变的，兴趣也是完全可以培养的，一个人可以追求一个一成不变的理想，但不一定追求一生都不变的兴趣。当兴趣发生转变的时候，理想可以引领你找到新的兴趣和通向目标的动力。这里还要指出的是兴趣不一定成为你的职业或事业，一个人常常有多种兴趣但一定要找到从事职业和成就事业的兴趣。这里还要特别强调的是要善于发现并培养自己想从事职业和成就事业的兴趣，其基本方法是开阔视野，尽可能接触通向你自己理想的领域。唯有接触才有机会去尝试，唯有尝试才能发现自己的兴趣。

【案例】

全国教育系统劳动模范李老师，现供职于某初级中学，在当地教育界很有名望。当年她考取了一所师范院校，读中国语言文学专业。她的理想是当一名知名的中学教师。她在大学的爱好是读书和交友。她很喜欢读书，除专业书之外，文史哲甚至理工科有些书也拿来读，每年至少要读10本专业之外的书。毕业实习的时候她回到自己家乡一所中学实习，在那里她发现她很爱孩子，总是带着欣赏的眼光对待每一名学生。学生们都很喜欢她，喜欢她讲教科书之外的知识，喜欢和她在一起，跟前跟后围着她转。之后，她多次到这所中学体验，发现自己的兴趣除读书以外，很喜欢和学生在一起，喜欢跟人打交道。当她大学毕业择业时，按

当时计划她可以分配到自己原籍家乡的其他教育部门,可她要求到自己原实习的中学教书。于是,她顺利到了这所中学成为一名语文老师。她到学校报到的时候,学生们排成两队欢迎她。在她的不断努力下,她成为全国教育系统劳动模范。

李老师之所以能够成功,能成就一番事业,是她将理想与职业兴趣实现了最完美的结合。当然,这和她的坚持与执着也密不可分。如果你的理想是当一名教师,但你的兴趣不在教学上,不在学生身上,一见学生就来气,一听到上课铃声就头痛,这方面的兴趣又培养不起来,那你就应考虑你的理想是否现实科学,是否要调整目标,去做你爱做的事,最好还是兴趣跟着理想走。

(二)掌握自己的性格,解决自己能做什么,适合做什么的问题

性格是一个人对客观事物的稳固态度和习惯化了的行为方式。性格不是天生的,主要是在个体发展的历程中,在社会生活实践中,在主客观的相互作用下,使外界影响在内部反应机制中保存和固定下来,构成一定的态度体系,并以一定的形式表现在个体的外部行为之中,形成个体特有的稳固的行为方式的结果。性格与职业相匹配,可以最大限度地发挥自己的潜能、天赋,以实现自己的人生目标。要了解自己的性格,可以用一些权威的性格测试方法进行测试。

什么样的性格能从事什么职业,适合什么职业,美国心理学家霍兰德的实验研究结果具有直接的指导作用。霍兰德的研究成果已被广泛使用,它可以帮助大学生明确自己的职业性格,找到自己喜欢的职业。

霍兰德把人的性格按职业需求分为六大类型,即现实型、研究型、艺术型、社会型、企业型、事务型。不同性格类型的人的职业兴趣和职业性格,以及与之相匹配的职业范围和具体职业,如表2-1所示。

表2-1 人格特质与职业的匹配

性格类型	职业兴趣和职业性格	职业范围和具体职业
现实型	①愿意使用工具从事操作性工作; ②动手能力强,做事手脚灵活,动作协调; ③不善言辞,不善交际	各类工程技术工作、农业工作,通常需要一定体力,需要运用工具或操作机器,如工程师、技术员、机械操作工、矿工、木工、电工、鞋匠、司机、农民、牧民和渔民等
研究型	①抽象思维能力强,求知欲强,肯动脑,善思考,不愿动手; ②喜欢独立的和富有创造性的工作; ③知识渊博,有学识才能,不善于领导他人	科学研究和科学实验工作,如自然科学和社会科学方面的研究人员、专家;化学、冶金、电子、无线电、电视、飞机等方面的工程师、技术人员;飞机驾驶员、计算机操作员等

续表

性格类型	职业兴趣和职业性格	职业范围和具体职业
艺术型	①喜欢以各种艺术形式的创作来表现自己的才能，实现自身的价值；②具有特殊艺术才能和个性；③乐于创造新颖的、与众不同的艺术成果，渴望表现自己的个性	各类艺术创作工作，如音乐、舞蹈、戏剧等方面的演员、编导、教师；文学、艺术方面的评论员；广播节目的主持人、编辑、作者；绘画、书法、摄影家，艺术、家具、珠宝、房屋装饰等行业的设计师等
社会型	①喜欢从事为他人服务和教育他人的工作；②喜欢参与解决人们共同关心的社会问题，渴望发挥自己的社会作用；③比较看重社会义务和社会道德	各种直接为他人服务的工作，如教师、保育员、行政人员；医护人员；衣食住行服务行业的经理、管理人员和服务人员等
企业型	①精力充沛、自信、善交际，具有领导才能；②喜欢竞争，敢冒风险；③喜爱权力、地位和物质财富	组织与影响他人共同完成组织目标的工作，如企业家、政府官员、商人、行业部门和单位的领导者、管理者等
事务型	①喜欢按计划办事，习惯接受他人指挥和领导，自己不谋求领导职务；②不喜欢冒险和竞争；③工作踏实，忠诚可靠，遵守纪律	与文件档案、图书资料、统计报表相关的各类科室工作，如会计、出纳、统计人员；打字员；办公室人员；秘书和文书；图书管理员；旅游、外贸职员、保管员、邮递员、审计人员、人事职员等

（三）掌握自己的能力倾向，解决自己擅长做什么、能做成什么的问题

对能力倾向进行测评实则是为了发现并掌握自己的特长和潜质。关键是能使自己的特长"越来越长"，并要扬长避短、学以致用。一个人知道了自己的职业兴趣，适合做的工作，以自己的特长专注于这项工作，必然会成就事业。爱好不等于特长。询问很多大学生你的特长是什么，许多大学生回答说打篮球，或者说书画、下棋、旅游等，其实是将爱好或者说是业余活动当成了自己的特长。大学生最应该明确的是自己的特长就是自己所学的专业以及所学专业的不断拓展。要使自己的专业"越来越长"，就要评估自己对自己所学的专业是否学好了，是否触类

旁通了，是否对某些方面的缺陷采取了补救措施。

通俗地说，特长是自己所具有的而别人却没有的、别人有的而自己却比别人强的。就自己专业的扩展来说，其专业成绩、获奖记录、实习实践经历、参加社会活动、担任学生干部等情况，都应是自己的特长。除专业之外，职业道德也应成为大学生的特长，做事先做人，万事德为先，无论哪个单位选聘人员，都首先把"德"放在首位。当然，在其他方面有一技之长且达到一定水平的也是自己的特长。把自己的特长与择业、工作紧密结合起来，在工作中就会如鱼得水，脱颖而出，能够做大事、成大事。

二、选择职业

选择职业就是要选择自己最喜欢、最需要而且最适合自己的职业。在选择职业时，个人的职业理想、兴趣、性格类型、能力倾向等都要与职业相匹配。这样就很容易适应新职业，就业后的工作质量和生活质量就越高，事业成功的指数也就越高。如果与职业要求不匹配，就会出现个人与职业要求的矛盾和冲突，带来的问题是自己不能适应新工作，进而会失去对工作的激情和动力，最终导致一事无成。为此，择业时一定要寻找最适合自己的职位，而不是别人认为最好的职位。在对自己客观公正地评估之后，掌握了自己的职业理想、兴趣、职业性格、特长等，知道了自己喜欢做什么，适合做什么，擅长并且能够做成什么的前提下，就能找到最适合自己的职业。

（一）调研分析职业机会

调研分析职业机会，实则是充分了解职业，主要是调研分析各种环境因素对职业选择及职业生涯发展的影响。环境因素主要包括组织环境、政治环境、社会环境和经济环境。着重分析环境的特点、变化及自己与环境的关系，特别要了解环境对自己提出的要求。只有对环境因素有了充分了解，才能使自己的职业选择更有意义。

例如，你的职业理想是行政管理工作者或者行政领导，你对时事政治及政策很有兴趣，又喜欢与人打交道，乐于沟通，善于协调、组织工作，又长期担任学生干部或社团领导且具有做行政工作的初步能力，你的职业选择是当一名公务员。但现实的环境是公务员有国家行政机关的，有省、市、县、区行政机关的，各级行政机关对公务员的要求都有所不同，并且行政机关中公务员的职位很多，每个职位对从职人员的要求又不相同，这就需要通过调研了解并掌握各级行政机关公务员的基本要求和每个公务员职位的具体要求，再结合自己的情况做出选择。此外，调研分析职业机会，要有明确的方向，要结合自己的实际情况调研分析自己的理想、兴趣、性格及能力倾向所指向的行业和部门。

充分了解职业是选择职业的第一个步骤。了解职业的方法很多，对于大学生来说，实习是最佳手段，还可以去参观、考察，参加讲座和招聘会，向职场人咨询，订阅相关的报刊，研究网上的招聘启事等。

（二）选对职业

职业选择正确与否，直接关系到事业的成败。据统计，在选错职业的人当中，有80%的人在事业上是失败者。选择职业应充分考虑四个方面的问题：兴趣与职业是否相适应、性格与职业是否相适应、特长与职业是否相适应、环境与职业是否相适应。此外，在选择职业时一定要务实。

务实说起来容易，做起来实属不易。务实需要耐心，需要勇气，需要毅力，还需要专注和时间。有相当数量的大学毕业生兴趣、性格、特长、内外环境与所选择的职业相适应，为什么还是找不到工作？问题就在于不能务实，没有树立正确的择业观，造成高不成低不就的情况。例如，有的毕业生想要考取省级国家机关公务员，但报考省级国家机关公务员须有两年相应工作经历，但这两年时间他们宁愿等待也不愿应考没有工作年限限制的乡镇级公务员。有的师范院校毕业生就想留在城市学校或县城学校，宁愿不就业也不去边远山区学校任教。为此，选择职业还必须务实。

（三）选择职业的步骤

选择职业第一步是先选择行业，第二步是选择行业中的某一类职位，第三步是选择具体职位，最后是选择适宜的工作单位和工作地方。

第一步，选择行业。选择行业要选最适合自己并且是能够使自己充分发展的行业。社会上行业很多，每个行业应该说都有适合自己的工作职位。例如，教育类专业，各行各业都有教育类专业的职位。建筑行业有教育培训，传媒出版行业有教育类书刊，商业也有教育类的职位，但教育类专业毕业生如果到这些行业工作，对自己的职业发展就有限制，因为所从事的工作是这一行业的副业。如果一时找不到心仪的工作，可以先到这些行业工作，但在职业规划中，最好按规划回归到最适合自己的行业。教育类专业的毕业生，最好选择教育行业或党政机关。

第二步，选择职位。一般情况选择与自己所学专业对口的职位。所选择的职位要一直向上发展并且具有连续性，如中小学所设置的职位一直向上且具连续性的是三级教师、二级教师、一级教师、高级教师，省级行政机关职位向上发展且具有连续性的是科员、副科长、科长、副处长、处长、副厅长、厅长，再往上还有副省长、省长。如果是学师范类专业的，最好选择学校或教育党政机关所设置的职位，这样有利于职业的发展。

第三步，选择具体职位。对于大学毕业生来说，行业和职位选定之后，选择具体职位只能是行业和单位一类职位的最低职位。用人单位到学校招聘大学生，所招聘的职位一般也都是最低级职位。

第四步，选择工作单位和工作地方。一般来说，单位在哪里，工作地点就在哪里。但也有的单位有分支机构，总部在一个地方，而分支机构却在另外一个地方。大学生在就业时要了解清楚工作单位的情况。

三、确定职业目标

确定职业目标应基于自己的理想、兴趣、性格、特长，并要紧密结合经济社会的发展和行业的发展变化。职业目标不要期望一步登天，而要循序渐进，就像登山一样一步一步往上攀登。通常分为短期目标、中期目标、长期目标和人生目标。短期目标一般1～5年，中期目标一般5～10年，长期目标一般10～20年。

对于大学生而言，在大学期间确定职业目标是最好的时期和机会，工作之后可能没有多少时间，也不能静下心来考虑这一问题。确定职业目标应考虑三个因素，即坚持在一个行业中发展，坚持职位的一贯性并一直向上发展，选准一条路一直走下去。例如，在教育行业，可以从小学到中学再到大学，甚至到教育管理部门；在大学当教师，可以从助教到教师到讲师到副教授到教授，甚至于当校长等。

大学生确定职业目标，比较实际的就是先确定短期目标，先就业；再认真设定一个中期目标；然后再粗略地设定自己的长期目标和人生目标。工作之后再根据实际情况对长期目标和人生目标进行考量并详细规划。其目标设定的路径如表2-2所示。

表2-2 职业目标设定路径

自己因素项目	因素项目具体描述	适合自己的行业	适合自己的职业	设定的职位（由低向高排序）	实现目标时限	设定的工作单位（由低向高排序）	设定工作地点
自己的职业理想							
自己的兴趣							
自己的职业性格							
自己的特长							
其他因素							

拓展阅读

确定职业生涯目标的"SMART"简易原则

一、目标必须是具体的（Specific）

这是指目标必须是清晰的，可产生行为导向的。例如，"我要成为一个优秀的医生"不是一个很具体的目标，而"学期末平均成绩在80分以上"就是一个具体的目标。

二、目标必须是可以衡量的（Measurable）

这是指目标必须用指标量化表达。例如，上述"学期末平均成绩在80分以上"的目标，就对应着量化的指标"分数"。

三、目标必须是可以达到的（Attainable）

这里的"可以达到"有两层意思：一是目标应该在能力范围内；二是目标应该有一定难度。一般人在这点上往往只注意前者，其实后者也相当重要。目标经常达不到的确会让人沮丧，但同时要注意，太容易达到的目标也会让人失去斗志。

四、目标必须和其他目标具有相关性（Relevant）

这里的"相关性"是指与现实生活相关，而不是简单的"白日梦"。

五、目标必须具有明确的截止期限（Time-based）

也就是说，目标必须是"基于时间"的目标，是指目标必须确定完成的日期。不但要确定最终目标的完成时间，还要设立多个小时间段上的"时间里程碑"，以便进行工作进度的监控。

四、制订行动计划与措施

确定了职业目标，为实现目标而采取行动最为关键。只有目标，而没有实现目标的行动，目标便难以实现，从而成为空想，也就更谈不上事业成功。因此，要制订实现目标的计划和措施，并且认真执行。

行动计划要周密，措施要具体。职业目标有短期的、中期的、长期的，要制订好每一个时期的行动计划和具体措施。一般来说，职业的目标要求主要包括职业道德的培养与提高、知识的准备、技能的提高与扩展、实际工作能力的准备、人际关系的最大化、服务意识等。例如，中学语文教师这一职位，需要考虑怎么才能够做到为人师表、热爱学生；除专业知识之外，还应该具备哪些知识，怎样掌握这些知识；怎么提高教学水平；应该掌握哪些教育教学方法和技能；怎么教育管理学生，从哪些方面入手；怎样提高管理学生、管理班级事务的能力与水平；怎么组织学生课余活动；学生发生突发事件怎么应对；怎么使自己一直向高职位迈进，进而成为知名教师；通过什么途径、方法达到知名教师等。其行动计划与措施都应该具体，并贵在落实。计划的执行情况要定期检查，发现没有落实要及时补救。

五、职业规划的调整

随着社会经济的发展，职场的变化、职位的变化随时都可能发生。原来没有的工作职位有可能大量增加，而原来迫切需要的工作职位，有可能在几年之后根本就不存在了。未来不可知因素很多，人的发展变化不可知因素也很多，而所制定的职业规划本身就可能存在着一些缺陷。因此，职业规划设定好了，并不是一成不变的，而应该根据经济社会的发展、行业的发展变化、职位性质及数量的变化，结合自身的情况对职业规划作出相应的调整。大方向不变而不断微调的职业规划才是符合实际的，是科学的，是可以实现的。

对于绝大多数大学生来说，职业规划不宜进行大调整，只能是微调。一般情况是大方向不能变，所选定的职业目标，即所选的行业、职业一般不做大的调整，最好是不进行调整，而具体的职位、单位、工作地点及所选择的环境等都可以根据实际情况进行调整。

如果职业规划根据实际情况进行了调整，那么实现规划的行动计划与措施也要相应地进行调整，即随着职位的变化，要根据新职位的新要求，重新制订实现职位目标的行动计划与措施。

拓展阅读

大学生职业规划范例（2012~2027年）

（一）自我评估

现处位置：师范学院学前教育专业大一学生。

职业理想：知名幼儿园的著名幼儿教师

兴趣特长：喜欢读书、画画。特长是目前所学专业，特别是学前教育教学法。

性格特征：通过测试，属外倾型性格。按霍兰德人格类型，属社会型。通过几次到幼儿园考察、实习，发现自己活泼开朗、好表现，喜欢与幼儿在一起，喜欢给幼儿做示范，想得到同学们的欢迎与认可，有一种幸福满足的感觉。通过实习，还发现自己比较有号召力。

能力倾向：所学专业成绩突出；在班中担任班长，具有管理能力。

别人评价：父母说我诚实、守时守信、活泼；老师说我好胜心强、好动、学习好，热心集体活动；同学说我乐于助人，喜欢与我交朋友；实习单位领导和指导教师说我将来会成为一名出色的幼儿教师。

不足缺陷：①课程尚未学完，知识储备不够；②基本功与掌握现代化教育教学的技能需要提高；③对教育要求、教育规律的把握还不准确；④与人打交道的方式方法和处理复杂人际关系的应对办法不足，对突发事件还不会应对；⑤学习、工作、生活的计划性还不强；⑥看的书多，但做笔记、深入思考比较少；⑦关心国家大事和政策走向，但知之不够；⑧对教育行业了解还不够。

（二）选择职业

1.社会基本环境分析

中国政治稳定，经济持续发展，中国人有能力实现中华民族伟大复兴的中国梦。各行各业发展很快，教育行业的发展也非常迅速，义务教育得到全面普及，高中及职业教育结构趋于合理，高等教育由精英教育走向了大众化教育。中国对教育事业很重视，教育经费逐年提高。民众对教育很重视，家长的希望都在孩子身上，都想享有优质教育资源。教师这一职业被社会誉为"太阳下最光辉的职业"，称教师为"人类灵魂的工程师"。

2.学前教育行业分析

相对于初等教育、职业与成人教育、高等教育，学前教育相对滞后。当前和今后相当一段时间，国家要重点发展学前教育。国家已经出台了推动学前教育发展三年行动计划，各省、市、区均按中央的要求，结合实际出台了各自推动学前教育发展的行动计划。从各省的情况来看，都提出要普及学前三年教育。为此，国家和各省都专门设立了幼儿园建设专项资金，国家在2012年用于幼儿园新建、扩建、改造的资金就达600多亿元。目前，学前教育相对于其他类教育来说，国家对学前教育的投入更大，学前教育将发展更快。

3.幼儿教师需求分析

要普及学前三年教育，需要大量合格的幼儿教师。目前各县区幼儿园建设好了，苦于没有幼儿教师。民众对建设幼儿园和有好的幼儿教师很期盼，很多适龄儿童上不了幼儿园，不得已把孩子送到未经批准的黑幼儿园。据陕西省教育厅相关部门了解，陕西省目前尚缺幼儿教师10万多名。自己4年大学毕业，去当一名幼儿教师问题应该不大。

4.职业的选择

（1）行业选择。综合自己各方面的情况及对社会环境、行业环境、社会需求等外部环境的分析把握，适合自己的行业有教育行业、党政机关，还有企业、服务业。最适合自己的是教育行业。教育行业细划有教育行政、教育科研、教师等，最适合自己的是教师行业。所以，我选定教师行业。

（2）职业选择。学校和幼儿园内部适合自己的职位很多，诸如学校里的行政职位、党群职位、教育科研职位、其他与自己所学专业相关的职位、教师职位等，最适合自己的是幼儿园的教师职位。所以,我选定幼儿园教师职位。

(3) 工作地点的选择。工作地点在陕西省大城市、中小城市、乡镇。

(4) 工作单位选择。第一是国家正式开办的公办幼儿园,第二是公助民办幼儿园,第三是民办幼儿园。

(三) 拟定职业目标

职业目标:知名幼儿园的著名教师

1.2012~2017年

学历目标:学前教育专业本科毕业,取得学士学位;取得教师资格证;取得计算机等级证;取得英语四级证。

成果目标:实现就业。先由基层做起,进入县级或县级以下幼儿园当教师。

能力目标:具备从事幼儿教师的基本理论和基本技能,具有一定的实践经验;发表一篇关于幼儿教育的论文。

2.2018~2022年

学历目标:在职或脱产攻读并取得学前教育专业硕士学位。

成果目标:由县级及县级以下幼儿园进入城市幼儿园。通过自己教育教学上和科研上的努力,能够评上县、市级先进教师,尽最大努力调到大城市幼儿园工作。组成幸福家庭。

职务目标:幼儿园一级教师。

能力目标:具备幼儿教师的综合素质并不断提升,业绩在同级同事中居于突出地位。发表论文三篇。

3.2023~2027年

学历目标:在职攻读并取得学前教育专业博士学位。

成果目标:在本职教育教学工作上有创造、有创新,教育教学经验在所在地幼儿园推广,能够评上省级或国家级先进教师。

能力目标:教育教学上成为拔尖教师。共发表论文十几篇,共有三部著作出版。

(四) 行动计划与措施

1.2012~2017年

(1) 刻苦学习。把一切时间都用在学习上,经常思考,经常请教老师,经常与同学讨论,保证专业课各科成绩都在85分以上。选修哲学专业,旁听相关课程。

(2) 勤读书。拟订自己的读书计划,主要读与学前教育相关的书籍,要写心得体会、读书笔记,每本书读完都要写一篇读后感,一学期读课余书三本。琴棋书画用来调节学习与生活,不作为主业。在毕业择业前发表一篇论文。

(3) 努力实践。每年寒暑假参加社会实践、走访幼儿园和幼儿家庭，做好调查记录，一定要到相关单位兼职。每次兼职20天以上，4年中至少在4个单位兼职。不上课的时候到学校附近幼儿园去考察、学习。抓住学校专门安排实习这一难得的机会，充分提高自己的技能。

(4) 养成良好的锻炼、学习、饮食、生活习惯。每天锻炼1小时。每天保证睡眠6~8小时。

(5) 培养自己的优秀品质。诚信、自信、思考、行动、热情、创造力、意志力、积极主动性、团结合作等，都需根据自己的实际进行培养，做事先做人。

(6) 处好与同学的关系。学会宽容、谅解、体贴，乐于帮助同学。扩大自己的交际圈，多与教育行政机关、教育科研单位及学校人员联系、交朋友，最大化自己的人际关系。

2. 2018~2022年

(1) 以极大的热情、乐观向上的心态投入幼儿园教学工作之中。虚心向有经验的教师请教，认真备课，潜心研究教法，上好每一节课。爱幼儿、爱单位，做幼儿的知心朋友。经常和幼儿在一起，做游戏、讲故事，开展丰富多彩的活动。

(2) 加强学习。按计划复习考学前教育专业研究生课程，努力考上。向单位申请脱产学习，若单位不同意脱产学习，就在职学习。学习一定要认真，要按时完成每一阶段研究生学习任务。

(3) 加强教学研究。以教学中存在的问题入手，通过研究解决存在的问题。在相关教育报刊上发表三篇论文。

(4) 热心公益活动。积极参加公益活动；处好和同事的关系，如果同事有困难，积极主动去帮忙；争取评上市、省级先进教师。

(5) 锻炼必不可少。每天锻炼1小时，主要是跑步和打羽毛球。

3. 2023~2027年乃至以后

(1) 善于思考，善于总结归纳。前五年博士研究生毕业，拿到博士学位。

(2) 善于学习，善于创新。有十几篇论文发表，有三部自己的著作出版。

(3) 善于推广经验。核心是提高自己的能力、知名度。

(4) 善于处理人际关系，使业界很多人都知道自己。

注：2018~2027年，这十年是我目标执行的关键期，实现目标如何采取行动十分关键。自己现在的位置是大学一年级，对如何去做还没有进行深入细致的调研分析。这十年的行动计划乃至我以后的行动计划，参加工作后我再进行深入细致的调研分析，在此基础上再进行调整补充。

第三节　拟定职业规划应注意的问题

一、尽早规划，科学务实

科学务实是指所拟定的职业规划不是纸上谈兵，也不是应付交作业，而是在一整套科学而行之有效的法则基础上设计完成的，是能够实现的。所拟定的目标通过自己的努力是能够达到的，而不能把目标拟定为幻想。职业规划要有可操作性，操作性越强，越能说明职业规划是符合实际的，是科学而务实的。

目前，大学生在拟订职业规划上主要存在三种问题：一是不做职业规划，二是不知道怎样做职业规划，三是职业规划敷衍了事。有人说，一个人无论他现在的年龄有多大，他真正的人生之旅是从他确定目标那天开始的。对于大学生来说，尽早并科学务实地做好职业规划，明确自己的职业理想，并付诸行动，才能使理想变成现实，成就才会越来越大。

【案例】

小李是某师范院校人力资源管理专业的学生，大学毕业后他向用人单位发了几百份求职信和简历，但都石沉大海。他先后参加了多场招聘会，最终都没选到自己理想的职位。万般无奈之下，他先到超市做收银员，一年后辞职到某公司做销售，销售做了两年因业绩不佳被公司辞退，又向家里筹钱开了个茶叶铺，因没有多少人脉关系茶叶只能零售，到头来连房租都付不起。

为了摆脱这种困境，小李回学校向从事毕业生指导工作的老师求教，老师给了他一本职业生涯规划的书，让他按这本书上所说的去做。他照着去做了，不仅有可行的职业规划，而且有行动计划与措施。他从最底层的人力资源工作干起，在几年间两次跳槽，最后进入某上市公司的人力资源部工作，年薪增加幅度很大，从最早参加工作年薪4万到目前年薪10万。

二、更新观念，合理定位

对大学生就业创业，国家非常重视。国家出台了很多促进大学生充分就业、高质量就业的政策规定；国家出台了相关政策，对于大学生创业从各个方面给予扶持照顾。作为大学生来说，制定职业规划，观念一定要转变，确定的目标特别是职业定位一定要合理，期望值不宜太高。

随着高等教育大众化的进程，毕业生一年比一年多，大学生已不再是当年的天之骄子。按照社会各行各业所提供的工作职位来看，提供的职位远远大于大学生当年毕业的总人数，完全可以做到大学毕业生充分就业。但现实情况却是每年都有相当数量的毕业生不能就业，问题就出在就业观念上，职业定位期望值太高。例如，西安某高职学院招聘10名专职教师，应聘的博士2人，应聘的硕士700人，实实在在的有692人落聘。如果这些落聘的博士、硕士去边远高校应聘，或者到高职、中职甚至到基层单位去，就可以完全就业。

大学生应转变择业观念，要带着理想到基层去，要树立从基层做起、从最基础做起的就业观念，逐渐积累经验，循序渐进，着眼于长远发展。职业目标可以由低向高确定三级目标，即最低能就业的目标，选择三个单位；中级目标，选择三个单位；高级目标，再选三个单位。通过自己的努力，从低级目标向中级、高级目标努力。

三、专注特长，不入错行

专注特长，就是不要抛弃自己所学专业和自己的特长。不要入错行，就是不要选错了行业。很多大学生对自己的特长不是很了解，其实你所学的专业就是你不同于其他专业的特长。而在同一专业学习的大学生的特长就是在某一方面比别的同学突出的地方。如果比别的同学更擅长学习，考研、考博、当教授或搞研究可能比当公务员更适合；如果比别的同学更能潜心研究技术，就应该到技术岗位或者技术管理岗位；如果还不知道自己比别的同学突出的那一点，就应该不断去尝试、去实习、去锻炼，找到自己专业以外的长处。职业规划不应离开自己的特长，要不断发挥自己的特长。

在对行业的选择上，所强调的是专业与行业对口，即选其行业要有你所选择的职位。例如，计算机技术与应用专业，各行业都有计算机技术与应用这一职位，那到底选择哪一行业呢？要选成长性好的行业，福利待遇比较高的行业，特别要选与自己专业对口的计算机行业。

四、充分准备，不盲目跟风

充分准备，是说职业规划是一个系统工程，要从内部、外部各因素上和制定方式方法上做好全方位的准备，做到有的放矢。不盲目跟风，是说职业规划是自己做给自己的，不是做给别人的，要最适合自己，而不是随波逐流。

有些大学生靠感觉、凭想象设计自己的职业规划，这样做出来的规划肯定是不科学的，也是对自己不负责任的。进行职业规划，必须在自我评价、选择工作区域、选择行业、选择工作岗位等环节上做好充分准备，而且要符合自己的理想、兴趣、性格、特长等。充分准备、科学务实，这是做好职业生涯规划的根基。大学生拟定职业规划，切不可草率，切不可靠拍脑袋，应充分准备，一步一步把规划做好。

拟定职业规划也不要盲目跟风。什么行业好就到什么行业去，什么单位待遇高就到什么单位去，这些可能根本就不是你想要的，也可能根本就不适合你。当然，如果你的理想、兴趣、性格、能力倾向与这些热门行业、单位相吻合，那最好；如果不适合不吻合，就不能跟风、攀比。要树立适合自己的就是最好的理念，不要哪儿热闹就往哪儿挤。时代在发展变化，各行各业在发展变化，今天的热门行业、热门单位，也许过两年就不景气了。况且，行行出状元，只要能发挥自己的专长，到哪里都会发挥作用、做出贡献。

五、心有梦想，扬帆起航

当代大学生，一定要有梦想。中国梦，表达了中国人民的心声，概括了当代中国人的价值追求，凝聚了海内外各阶层、各方面民众的最大共识，承载着亿万人为之不懈奋斗的百年期盼。中国梦已经成为中国人民团结奋斗、实现两个百年目标、实现中华民族伟大复兴的强大思想动力和精神力量。中国梦是历史的、现实的，也是未来的；是国家的、民族的，也是每一个中国人的，更是青年一代的。

大学生要深刻理解中国梦，正确处理个人理想与国家、民族理想的关系，正确处理个人发展与国家、民族命运的关系，自觉把个人的梦想融入中国梦之中，融入祖国和民族的发展之中。只有把自己的梦想与中国梦结合起来，把自己的梦想融入中国梦之中，人生才会出彩，才会光彩夺目。大学生要勇敢地肩负起时代赋予的光荣使命，努力实现职业规划，努力实现人生梦想，在实现梦想的过程中，不断创造光辉业绩。

第三章　大学生就业能力培养

第一节　收集就业信息

当今社会是一个信息社会，信息在人们生活中发挥着重要作用。对于即将毕业的大学生而言，求职信息是求职择业的前提和必备条件，关系大学生最终求职就业的成败。毕业生应及时、全面地掌握相关就业方面的各类信息，并认真地分析、筛选、整理这些信息，最终选择出自身需要的信息，为求职成功奠定坚实的基础。

一、就业信息的特点和作用

就业信息作为信息的一种形式，具有真实性、时效性、准确性、针对性的特点。对于高校毕业生来说，如何发挥就业信息作用，关系到最终能否求职成功。就业信息的作用具体来说有四个方面：第一，可以帮助毕业生对当前就业形势、政策有一个具体的了解，有助于求职择业目标的实现，使得毕业生在就业过程中不走弯路或者少走弯路。第二，有助于毕业生通过掌握的就业信息，及时补充自身知识，提高自身能力，增强个人的竞争优势。同时又可以根据掌握的就业信息，完成自我评价，及时调整就业方向，避免就业目标脱离社会实际。第三，可以帮助毕业生找到适合自身的就业机遇。毕业生获得的信息越广泛，信息质量越高，求职择业的把握性就越大，成功率也会越高。第四，有助于毕业生实现自主创业、自我发展及人生规划。对于毕业生来说，大量的就业信息可以让他们对社会、用人单位、自身都有一定的了解，有助于他们规划自己的职业发展。

【案例】

因时效而错过的就业良机

某高校机械系毕业生王某参加了学校举办的毕业生招聘会。山西大同市一家效益较好的部属研究所认为他的条件不错，愿意接收，并且表示他到单位后会有很好的发展前景。虽然该生也愿意到该单位去，但觉得单位的工作地点不尽如人意，有些偏僻，气候不好。于是他就去找就业指导中心的老师咨询。老师们一致认为该单位整体情况不错，应抓紧时间尽快决定。

可能是这种机会来得太容易了，王某做出了不去该研究所的决定。对此，学校老师和研究所的同志都觉得遗憾和惋惜。但仅仅过了三天，该生思想上发生了变化，又想去该研究所工作（这时招聘人员已经离开学校了）。后经联系，单位表示现在该专业的招聘计划已经完成，不能接收。

二、收集就业信息的渠道

毕业生获取就业信息的方式多种多样，但由于个人的关注程度、社会背景、经济状况、思维观念等方面的差异，致使每名毕业生获取就业信息的渠道有着不同的差别。总的来说主要有以下几种渠道。

1. 个人登门搜集

个人登门搜集就业信息，是指毕业生根据自己的职业理想、职业兴趣、职业性格、所学专业等，在自己所选定的行业中直接到相关单位人力资源部门获取就业信息。这种就业信息的收集方式具有明确的目的性、指向性。简单来说，就是自己去寻找的就是自己所需要的。有关研究资料证明，漫无目的地将自己的简历和求职信寄给招聘单位，这种方式的求职成功率最低。直接上门，叩开你感兴趣的单位的大门，询问是否存在空缺职位，是否需要一名像你这样的员工，是否存在有你可以胜任的工作，这样的方式可以大大提高求职的成功率。如果你对某一个招聘单位感兴趣，通过电话、网络找出令你感兴趣的工作项目，了解该单位的基本情况，然后亲自去拜访，这样做既可以节省时间，又可以尽快得到企业的相关信息。还可以通过对企业的实地考察，了解企业的地理环境等外部条件，有助于做出正确决策。除登门获取就业信息之外，也可以通过发函、电话咨询等方式收集就业信息，即向企业人力资源部门发函，咨询有无近期招聘信息。发函时附上详细地址，以便企业及时回复。

2. 学校的就业指导机构

每所高校都有专门就业指导机构从事毕业生就业工作，这些机构是毕业生获取就业信息的重要渠道。学校的就业机构同它的上级主管部门、有关用人单位都保持着长期、广泛而密切的联系，而且通过多年的工作实践及合作已经形成了稳定的关系。每年毕业生就业之际，学校就业指导机构会有针对性并及时地向各个用人单位发去毕业生资源信息函，并通过电话联系、组织各种活动收集各个用人单位的需求信息供毕业生选用。同时学校的就业指导机构一般都会在每年的11月到次年的3月专门为毕业生组织各种形式的招聘会，为毕业生和用人单位构建起一座信息桥梁，为毕业生谋求更多就业信息。学校就业机构搜集的就业信息具有存量大，针对性、准确性、可靠性比较强的特点，而且在公布前，学校就业机构还会对这些就业信息进行整理、筛选，最终为毕业生挑选出适合本校毕业生的就业信息。

3. 传播媒介

传播媒介不仅传播速度快，而且涉及面比较广，信息传播也很及时许多用人单位通过新闻媒体，如广播、电视、报纸、杂志等，介绍自身现状、发展前景及人才需求，从而形成一个巨大的、多方位的信息渠道。特别是国家相关毕业生就业指导部门主办的报纸、杂志及各高校主办的有关就业专题的报纸、杂志等，都会提供大量的就业需求信息和招聘信息，以供大学毕业生进行选择。另外，各地的《人才市场报》、各大城市的报纸也都会开设一些人才需求信息及招聘栏目，只要毕业生经常阅读，必定会在这些招聘信息中找到自己感兴趣的就业信息。

4. 各类就业市场

毕业生就业市场的格局和模式早已为广大毕业生所熟悉，然而有一部分毕业生对就业市场不抱太大的希望，因为他们片面地认为去就业市场求职几乎没有作用。其实就业市场的招聘信息容量最大，只要把握住机会，对需求信息进行认真的筛选，一定会有收获。目前，就业市场已经成为毕业生寻找就业信息的主要渠道。就业市场公布的就业需求信息包含了岗位空缺信息、职业供求分析及预测信息、最新的劳动就业政策法规、职业培训信息及其他就业市场信息等。面对着如此大量的信息，毕业生需要注意如下几个问题。

第一，进入人才市场，一定不要轻易放弃。一般在人才市场进行招聘的用人单位可以分为以下几种情况。一种求贤若渴，对每位求职者均热情接待，这种企业招聘的人才数量比较多，范围也比较广，专业局限性小；另外一种希望通过招聘来扩大自己企业的影响，提高企业知名度，虽然他们也会有所招聘，但数量有限，条件也比较严格。当然，也存在个别单位对应聘人才比较冷淡，甚至有些傲慢，但这些只是个别现象，并不影响就业市场整体作用。

第二，在人才市场中进行招聘的企业只是为了搜集材料，实质性的会见都会在招聘会结束后，因此在人才市场未被现场录取也是很正常的。

第三，对于那些名声比较大的公司，要勇敢地走过去，争取认识他们，打动他们，呈上自己的简历，取得面试机会。此外，不应该局限在那些名声大的企业，要走访到每一个你感兴趣的企业。虽然小单位拜访者比较少，但是获得面试的机会大。

第四，要注意收集公司的小册子和宣传材料，以便在面试前对企业有一个初步的了解。

第五，要与公司招聘人员约定下一次见面时间，这样可以让招聘人员对你留下印象。

第六，离开人才市场后，要及时整理在人才市场搜集来的就业信息，并将其中重要的信息进行标记和摘录。对当时约定好的会见一定要准时赴约，对未约定的单位要在他们不太忙的时候进行定期联系，及时了解企业具体情况及人才需求信息。

前往人才市场参加招聘会前，要了解招聘会的针对对象。有的招聘会只是针对有一定社会经验的人才，有些则是专门针对应届毕业生的，这样就可以避免盲目地去参加人才市场的招聘会。

5. 社会关系

利用社会关系获取就业信息甚至找到心仪的工作，也是获取就业信息、实现顺利就业的一个主渠道。这里所说的社会关系包含以下几个方面：家庭和亲戚；父辈的同学、同事及朋友；邻居和一面之交的熟人；以前或是现在的老师；校友；其他求职者等。

利用社会关系进行就业信息的搜集，应该注意以下几点：首先，处好与他们的关系。善于运用"套近乎"措施。对于你们之前在一起的美好回忆，你可以不经意间提起，或者提到某个你们都认识、最近都见过的人，以此来拉近彼此的关系。其次，可以将自己的求职意向及考虑选择的公司告知对方，征求对方的意见。询问对方能否看看你所做的求职简历有无问题。可以将自己的择业进展情况告诉对方，以求得到他们的帮助。再次，要重视对方提供的就业信息。如果对方给你带来一些就业信息，应该对对方的行为表示感谢，这样的话可以为自己以后谋取更多的就业信息。当你得到对方推荐的时候，一定要问清楚去企业的时候是否可以提及推荐人的名字及其他需要注意的事项。如果最终得到了亲友的帮助，就应该道谢，并且最好是书面感谢。在得到某份工作后，一定要告知帮助你的人，让他们清楚你现在的情况。

此外，学校老师利用自己的同学、学生、科研伙伴、协作单位等关系获得的就业信息，往往具有针对性强、可靠性强的特点，这些信息都经过老师的筛选，与毕业生的就业意向和所学专业相契合，有利于毕业生尽快就业。而校友是近似于老师的正式就业信息的提供者，其提供信息的最大特点是比较接近本校、本专业，尤其是刚刚毕业的校友具有求职择业的实践和体会，有对就业信息获取、处理、应用的经验，他们提供的信息更具有参考价值和利用价值。毕业生应该充分利用实习、社会实践、校友回校等机会与校友多接触，利用合适的机会介绍自己，从而得到他们的帮助和指导。

6. 互联网

网络求职的优点是信息量大、更新速度快、用人单位和求职者之间的交流比较快捷，缺点则是信息的可靠性比较差。

互联网求职具有以下几点优势：第一，从互联网上可以直接、快速地了解每年国家和教育部、省市及各部门关于毕业生的就业信息；第二，互联网可以为毕业生提供在线就业指导，提供求职经验和就业技巧；第三，毕业生可以通过网上自荐，得到用人单位的网上招聘；第四，可以进行就业心理测试及辅导，从而使得毕业生结合自身情况做出正确的职业选择；第五，可以详细了解最新的就业信息，网上就业求职信息既有人才市场提供的就业信息，也有高校就业指导机构提供的就业信息，同时可以第一时间了解用人企业的需求信息；第六，网上求职的信息反馈速度快，较上述几种方式更为快速。

网络求职还需要具备以下几项技巧：首先是上网前的准备。大学毕业生在网上求职前要有明确目标，有一定的努力方向。要对自身有一个充分、全面、客观的评估，进而对自己作出正确的定位，避免无目地应聘。其次是网络求职技巧。第一点就是要择时而动。选择合适的时机在网上发布自己的求职信息，避开网络高峰，这样可以保证填写求职表格时不会因网络问题而出现错误信息。第二点要留意首页。因为一般单位都会在自己网站的首页公布最新信息，这里面包含着最新的招聘信息和政策信息，有助于毕业生对单位有全面的了解，但这往往被大学生所忽略。第三点就是关心政策。不同地区的人事政策是不同的，许多政府人事网站都有"政策法规"栏，在初步确定求职的区域后，应该关心一下当地对于大学毕业生的相关政策。第四点是随时下载。因为网站上的招聘信息比较多，更新速度也比较快，最好的办法就是将引起你兴趣的招聘信息下载下来，以便自己随后仔细阅读。第五点留意友情网站。在一些求职网站上有"其他网站""友情网站""友情链接"等栏目，这些栏目都会有一些相关招聘站点的存在，值得大学生一看，特别是不同区域的人才网站，往往会有意想不到的收获。最后是下网后的工作，主要包括信息整理和保持联络两个方面。信息整理方面需要对从互联网上下载的招聘信息进行整理，用笔记本记录有用的信息。保持联络方面要注意求职不能一蹴而就，持之以恒是最有效的办法，在接到不录用的通知后也要表示自己的谢意，以便下次联络。

三、收集就业信息的方法

就业是毕业生告别学生生涯，开始职业生涯的重要转折点。每个毕业生都应该高度重视择业和就业，树立正确的就业观，了解相关的法规政策，做好心理调适，广泛收集就业相关信息，提高就业技巧，为成功就业打下坚实的基础。收集就业信息的方法主要有以下三种。

1. 全方位搜集法

把与自己专业有关联的就业信息全部搜集起来，再根据一定的标准进行整理和筛选，以备使用。这种方法获取的就业信息比较广泛，选择的余地也较为宽裕，但会占用大量的时间和精力。

2. 定方向搜集法

根据自己事先选定的职业方向和求职的行业划定一定的范围，进而来搜集相关的就业信息。这种方法以个人的专业方向、能力倾向和兴趣特长为依据，便于找到更适合自己特点、更能发挥自身能力的职业和单位。需要注意的是，当你选定的职业方向和求职范围过于狭窄时，将会大大缩小选择的余地，特别是所选定的职业范围是竞争激烈的"热门"工作时，很可能给下一步的择业带来较大困难。

3. 定区域搜集法

由于个人对某个地方或某些地区有着特别的偏好，因此就业信息的搜集主要侧重于这些区域，对职业方向和行业范围却较少关注和选择，这是一种重地区、轻专业方向的信息收集法。按这种方法收集信息和选择职业，也可能由于所面向地区的狭小和"地区过热"（即有较多择业者涌向该地区）而造成择业困难。

四、就业信息的处理与利用

由于信息的来源和获取的方式不同，信息的价值也就有所不同。因此，对于收集到的就业信息要进行去粗取精、去伪存真的整理、筛选，这是利用信息的前提条件。

就业信息处理的过程实际上是一个求职决策的过程，这是择业的关键所在。求职者在广泛搜集就业信息的基础上，要结合自身的学识、能力，依据国家、地区的政策和法规，对获取的最原始的就业信息进行有目的、有针对性的归纳、整理、分析和选择。这个过程具体分为以下三个阶段。

第一阶段是鉴别获取的信息。由于所获取的信息不一定都全面、准确，因此要对信息进行细致的鉴别和判断，挑选出适合自己的，使之更好地为自己的择业服务。鉴别信息首先要确定信息的可靠程度，对于不可靠和不确定的信息要通过其他渠道和措施进行确认。其次要鉴别信息的内容是否齐全，特别是发现自己想要知道的细节没有或者不清楚时，要及时进行实际考察，侧面了解和询问，或通过其他渠道了解，如在应聘时向企业负责人提问，要等信息基本准确后再做决定。

第二阶段是按照自己的标准，将信息按照轻重缓急进行分类。在信息加工之前，先认真地温习自己的职业规划，对照自己的职业规划对获取来的就业信息进行初选，去粗取精，去伪存真；然后进行细选，挑选出符合自己的信息；再进行精选，决定两个以上的信息作为最有用的信息。对挑选出的有用信息进行一个简单的排序，确定好主次。

第三阶段是反馈信息。将已排序好的就业信息，按照从高到低的顺序依次反馈给用人单位，表明自己想去该单位就业的诚意。反馈信息可以选择一个，也可以选择两个以上，一旦同时收到两个单位的接收通知，那么对于不打算去的单位要及时反馈自己的想法，并真诚地表示自己的歉意。信息一旦反馈出去，应多与用人单位进行联系，随时听候用人单位的答复。

在信息处理的过程中，要遵循以下几项原则。

第一，发挥优势、学以致用。即在处理就业信息时，要做到留下那些可以发挥所长、学以致用的信息，这样有利于发挥优势，避免因信息量大而造成时间、经历的过度浪费。

第二，面对现实、理论联系实际。在处理就业信息时，无论个人意愿有多么美好，在实际操作过程中一定要面对现实，不能贪图虚荣、好高骛远，坚决做到量力而行、量"能"择业、量"才"定位。即把所获取的就业信息进行对照衡量，挑选出适合自己的就业信息，尤其要选择那些适合自己性格、气质和利于自身特长发挥的单位和岗位。

第三，在政策允许的范围内进行择业。处理就业信息时，要把个人意愿和国家需要相结合，根据社会需要与自身能力、愿望做出正确的择业选择。

第四，辩证分析。即运用辩证唯物主义方法论来分析所收集的就业信息，用发展的、变化的眼光来研究、处理信息的实际价值。

第五，综合比较。即把所有的信息综合起来进行全面的权衡比较，分析其各自的利弊与优劣，最终找到一个较为完美的就业信息。

第六，善于挖潜。即对那些具有潜在价值的信息进行深入思考，加以引证，充分利用。让所收集到信息的价值达到"会用则有，不会用则无"的地步。

第七，果断抉择。就业信息有很强的时效性，及时用之是财富，过期不用等于无。较好的职业岗位总会吸引许多求职者，而最终录取的名额是有限的。如果犹豫不决，不及时反馈信息，往往会痛失良机，酿成终生遗憾。

【案例】

小赵是这样搜集求职信息的

小赵打算向一个公司求职，于是他事先在北京市工商局网站上查询了该公司的信用信息。

（1）北京XX计算机软件有限公司。（用人单位的准确全称）

（2）民营企业，有限责任公司，法人独资。（用人单位的所有制性质）

（3）注册资金500万元（注册资金）

（4）成立日期2002年4月23日。（成立日期）

（5）经营范围包括应用软件服务，专业承包，技术推广服务，销售电子产品、消防器材、机械设备、五金交电。（经营范围）

（6）地址是北京市朝阳区胜古中路X号院X号楼X室。（详细地址）

此外，他还通过公司网站、招聘网站和招聘宣讲会了解了以下信息。

（1）公司需求人才的职位、人数、工作岗位、职责范围。

（2）公司对需求人才的素质条件及具体要求：学历、思想素质、专业技能、外语水平、计算机操作能力和身体素质等。

（3）公司的发展历史、成长过程及发展前景：效益规模、员工人数、占地面积、主要产品品牌、用户情况、产品的市场占有率、行业排行等。

（4）公司的薪酬福利体系：工资、奖金、职务津贴、福利保险、医疗、住房以及相应的纪律。

（5）公司的领导管理体系：人才战略、用人理念、企业文化、组织机构、升迁发展机会等。

（6）公司所在地区对接受外地生源毕业生的条件、要求及程序。

（7）用人单位的联系方式：人事部负责人的姓名、电话、传真、通信地址、邮编、电子信箱、网址等。

第二节　整理就业资料

一、撰写求职信

求职信是一种自我介绍、自我推荐的信件。毕业生通过求职信表明自己的求职意向，阐明自己的理想、兴趣、能力、知识、技能、特长、健康状况等，以引起招聘单位的重视，目的是能被招聘单位录取。求职信对于就业有着十分重要的作用。

求职信一定要写得有水平、有特点，要使招聘者眼前一亮，无论是在文体上还是内容上都必须给招聘者留下深刻的印象。

（一）求职信的格式与内容

求职信是写给求职单位的，它既与书信有相同之处，又有不同之处。一般来说，求职信属于书信范畴，其基本格式应当符合书信的一般要求。其内容主要包括称呼、正文、结尾、署名、日期、附件六个方面（见图3-1）。

（1）称呼。求职信的称呼往往比一般书信的称呼更正规一些。在实际书写时要区别对待，如果写给国家机关、事业单位的人事部门领导，一般用"尊敬的XXX处长（科长）"；如果求职于"三资"企业，则用"尊敬的XXX董事长（总经理）先生"；如果写给大学校长或人事处的求职信，则称之为"尊敬的XXX教授（或校长、老师等）"。切忌使用"XXX老前辈""XXX师傅"等不正规的称呼。毕业生对用人单位的招聘人员未必了解、熟悉，因此也可以不写姓名，而称呼"尊敬的负责人""尊敬的董事长先生"等。

（2）正文。正文是求职信的中心部分，其形式多种多样，一般要求说明求职意愿、应聘岗位、个人基本情况、学业成绩、个人特长等内容。

（3）结尾。结尾部分一般应写明希望对方给予答复，并希望有机会参加面试，表示敬意、谢意、祝愿。例如，"祝贵公司兴旺发达""深表谢意"等，也可以用"此致敬礼"等通用词。

（4）署名。应注意与信首的称呼保持一致，一般都在署名前加上，如"你诚恳的XX""您信赖的XXX"等词语；也可以直接签上自己的姓名。

（5）日期。一般写在署名的下方，最好用阿拉伯数字写上年、月、日。

（6）附件。求职信一般都要求同时附一些有效证件复印件，如英语四级证、计算机等级证、获奖证书及简历、近期照片等。最好有一个附件目录，这样既方便招聘单位的审核，同时也给对方留下负责认真、考虑周到的好印象。

称呼（尊敬的XXX）

问候语（您好！）

正文

第一段：写明写信的理由、应聘职位以及从何处得到的招聘信息。

第二段至第三段：阐述你应聘的动机和自己认为适合该职位的理由。如有与应聘职位相关的技能、经历，也可加以说明。这里切记不要详述简历，只需简单提及即可。

结尾：感谢招聘者阅读了此信，表示希望得到面试的机会，并表明希望对方安排面试。

结尾　　　　　　　　　　此致敬礼

署名　　　　　　　　　　XXX

日期　　　　　　　　　　XX年XX月XX日

附件（目录）

图3-1　求职信的格式

(二) 求职信的写作技巧

(1) 态度真诚，摆正位置。写求职信时，首先要想明白招聘单位要我能干什么，我应聘到这个单位能干什么，获得职位后自己又会给这个单位带来怎样的业绩。把这些问题搞清楚了，才能摆正位置，写出的内容才能切合实际。此外，在写求职信时，态度要诚恳，要实事求是，不要自吹自擂，炫耀浮夸。

(2) 整体美观，言简意赅。整洁美观的求职信，很容易让用人单位对求职者产生好印象；相反，如果字迹潦草、甚至看都看不清楚，则会给用人单位留下不好的印象。现在大学生的求职信基本上都是打印出来，这样自然很好。但如果字写得很好，建议用手写方式工工整整地书写，这样既能给用人单位留下很好的印象，又能展示特长。不管是手写还是打印，求职信的内容一定要言简意赅。在写求职信的时候，应该先打草稿，反复推敲，力争做到表达清楚，用词恰当，内容准确，语言优美。

(3) 富于个性，有的放矢。求职信的目的就是引起招聘单位的注意，从而引起对方的兴趣。因此，在开头的时候尽量避免套话、空话，要以简短词语开头并迅速切入主题。求职信的核心内容就是言明胜任工作的条件，但这并非多多益善，而是要有针对性、有的放矢地去阐述自己的特长。所以，在动手写求职信之前，要着眼于现实，对应聘单位有一定的了解，恰如其分、有针对性地介绍和突出自己的特长。求职信中所阐述的自身特长要力争与招聘单位所提供岗位的条件相一致。

(4) 以情动人，以诚感人。语言有情，会有助于双方交流。如何做到以情动人，关键在于摸透对方的心理，然后根据你与对方的关系采取相应的对策。以情动人的目的就是要设法引起对方的共鸣，或者得到对方的赞许。在注重以情动人的同时，还要以诚感人，以诚取信。这就需要态度诚恳、言出肺腑，内容实事求是、言而可信，并且做到优点要突出，缺点不隐瞒。只有真诚才能取信于人，才能得到用人单位的重视。

(三) 大学生求职信范例

求职信

尊敬的领导：

您好！

我是XX大学XX专业的应届本科毕业生，中共预备党员。短短四年的大学生涯，使我无论是从知识水平、思想素质，还是从能力认识方面，都上了一个新的台阶。

一专多能是我的不懈追求。大学期间我深入系统地学习会计审计专业课程，形成了较为全面的知识体系，并在专业实习中得到了确实的运用和提高，具备一定的业务操作能力。我尤其注重提高自己的计算机和英语水平。我辅修了计算机软件相关课程，并通过国家计算机二级考试，熟悉Dos、Windows、Office、WPS、用友等软件的操作，掌握FoxPro、C等语言。对计算机网络有较深的了解，现担任学校学生宿舍区网络管理员。英语水平较高，已通过大学英语四六级考试，并通过剑桥商务英语二级考试，具备良好的听、说、读、写能力，为以后从事多种行业的研究及业务工作打下了扎实的基础。

为了更全面地发展和提高自己，我积极参加院系组织的各种社团实践活动，先后担任过中山大学会计学会副会长、会计系宣传委员、审计班团支书等学生干部，从中得到很大的收益，具备了较强的组织管理能力和社会适应能力，培养了执着的敬业精神和勤奋踏实的工作作风，从而也对将来步入社会充分展示自我水平有了更足的信心。

我真诚希望能在贵处供职，以一名大学生的自律和奉献精神，以一个年轻人特有的热情，以自己扎实的专业知识和技能投入工作中去，为贵公司发展略尽绵薄之力，我相信自己孜孜不倦的追求，会寻觅到让自己施展才华的天地。我也坚信如果有幸得到您的栽培，一定会创造出更好的未来。真诚的学子，恳盼您的回音，等待您的考验。

此致

敬礼

XXX

20XX年X月X日

二、制作个人简历

个人简历是一个人生活、学习、工作的经历和成绩的概括集锦，其目的是让用人单位全面了解自己，从而为自己创造面试的机会。个人简历一般作为自荐信的附件，呈送于用人单位。

（一）个人简历的格式及基本内容

个人简历一般有三种格式，即表格式、时间顺序式、学习工作经历式。表格式是使用表格的形式列出自己的基本情况、学习、工作经历，让人一目了然；时间顺序式是按照年月顺序，列出自己的学习、工作经历，条理清楚；学习工作经历式是根据需要有选择地列出自己的学习、工作经历，充分表现自己的技能、品德。对于即将毕业的大学生来说，采用表格式和时间顺序式最好。

个人简历一般应包括以下几个方面内容。

(1) 个人资料，包含姓名、性别、出生年月、籍贯、政治面貌、婚姻状况、身体状况、兴趣、爱好、性格及自己的联系方式等。

(2) 学业内容，包含了毕业学校、所学专业、学历、学位、主要课程成绩、外语及计算机掌握程度等情况。

(3) 本人经历，主要指的是大学以来的简要经历，包括学习和担任社会工作的经历，有的需要从毕业的高中写起。

(4) 自我评价，总结大学阶段的表现，并由班主任或学院主管部门填写意见。

(5) 所获荣誉，包括三好学生、优秀团员、优秀学生干部及奖学金等。

(6) 本人愿望，根据自己的爱好、兴趣和特长，表明自己想要应聘的工作岗位。

（二）制作个人简历的要求

个人简历的真正用处就是让用人单位充分了解自己，从而获得可能的就业机会。因此，简历要写得简洁精练，切忌拖泥带水。简历的格式要便于阅读，有吸引力，从而给用人单位留下良好的印象。需要引起用人单位注意的地方，可以画线或加着重号。

（三）制作个人简历应注意的问题

(1) 简历与自荐信不同。简历是叙述求职者的客观情况，而自荐信则主要反映求职者的主观情况和求职意向。从某种意义上说自荐信是对个人简历的必要说明和补充。

(2) 简历是一份材料，重在证明个人的身份详情、学习经历、生活经历、学习成绩及工作经验等，其目的是用来支持自荐信，让用人单位全面了解自己，用以证明自己适合担当所求职的工作。

(3) 求职简历不同于工作简历。一般的工作简历只是个人的一份历史记录，仅仅反映自己曾经做过什么。而求职简历，不仅要反映自己能做什么、做过什么，还要反映做得如何，具备了哪些素质和能力，从而给用人单位留下深刻印象。

（四）个人简历范例

姓名	XXX	性别	男	出生年月	XXXX，XX，XX
籍贯	XX省	民族	汉	政治面貌	中共党员
主修	XX技术		辅修		德语
专长	组织管理，人际交往，接受新事物……					
教育	2013.9—2017.7 XX大学 2010.9—2013.7 XX中学					

续表

主要社会工作	2015.10—2017.11 XX大学XX学院学生会主席 2014.10—2015.10 XX大学XX学院学生会学习部部长 2013.10—2015.7 XX大学XX学院XX班班长
外语及计算机能力	英语四六级；德语专业四级通过计算机二级考试
奖励	2014.10 XX大学一等奖学金 2014.10—2016.10 XX大学优秀学生干部
现实表现	该生思想上积极要求进步，学习成绩优秀，有较强的组织能力和管理能力，是一位品学兼优的大学生

【简历】

简历新形式：报价单

今年刚从某高校新闻专业毕业的小程，通过自己的"明码实价"简历，拿到了某知名房地产公司的录用通知。她在简历中对自己的能力及不足进行了"明码标价"，乍一看，就像一个"价目表"。她笑着说："这一招助我一路拼杀，找到了现在非常满意的工作！"

求职简历变报价单

基本价值：3000元作为一个全国重点大学的毕业生，求学路上耗费了父母大量的金钱和感情，因而需要足够的物质支持来回报家人和提供个人生活基本费用，并用于支付工作技能的进一步发展。

技能价值：-300元——明白自己作为一个新闻学专业的学生缺乏"一技之长"，所能干的工作不具有不可替代性，但在进入某单位经过一段时间的磨炼后，可以有所发挥。为了感激贵单位给予的这个"进门"的机会，认为应该减去300元的月薪。

性格价值：300元——开朗、活泼、幽默的性格能最大限度地使一个团体士气高昂，在愉快的氛围中保持工作的高效。

经验价值：-500元——深知自己的经验欠缺，没有独立地完成过一次完整的学术研究，也没有组织过大型的社会活动，但作为一个具有扎实的专业知识和较高的综合素质的社会新人，能很快完成从学生到职员的过渡。

和其他毕业生的简历相比，小程的简历更像一份报价单。她对自己的各项素质进行了具体而客观的评价，一共有10余项，分别给出了或正或负的价值数额。最后，她给自己评定的市场价值是3500元。

小程高兴地说："因为形式新颖，我投过简历的单位几乎都会让去我面试。"

制胜仍需真才实学

小程所在部门的万经理说:"小程的简历给我们留下了良好的第一印象,这也非常符合我们对营销策划人才的要求。"但万经理表示,小程在后来的笔试及面试中表现出色,这才是她应聘成功的真正原因。

据了解,现在毕业生简历花样繁多。万经理表示,良好的自身素质、过硬的专业技能才是应聘成功的制胜法宝,想靠花哨的简历求职只会弄巧成拙,得不偿失。

拓展阅读

让你的简历更出众

一、使用标准化的字体

在大多数情况下,人事经理希望在大量简历中很快发现具备所需技能的人选。你的最佳选择是 Times New Roman 字体和 Georgia 字体。这两种字体便于阅读。字体大小最好为 10 磅至 12 磅。可选择的无衬线字体有 Arial 字体和 Tahoma 字体。无论你选择哪种字体,请保持字体风格的一致性,这样会让简历看起来更美观大方。

多种字体会使页面看起来拥挤杂乱,会让人怀疑你的组织能力。不过,若你申请的是一项富有创造力的职位,例如平面造型设计,就不必拘于这些规则了,你可以充分展现你的创意魅力。

二、将最重要的信息写在开头

如果一位人事经理要在很短的时间内(15~20秒)阅读你的简历,他会将目光集中于简历的前半部分(有点类似于你阅读报纸的新闻提要)。他们希望能一眼发现合适的人选。如若不然,你的简历将被扔到一边,经理们会继续阅读下一封简历。将你最重要的专业技能和工作经验写在简历的突出位置,经历经验是简历的重点。建议把职责概括成一两句,侧重在做过的业绩上,多用数字。比如用了1个月招聘到了30个新员工,开拓的新的招聘渠道节省猎头费用15万元年。

数数看,你的简历上有多少数据(业绩、用户数、节省成本、市场份额……)。再数数简历上有多少形容词(勤奋、负责、向上、有团队精神……人人可自夸,所以形容词要来自第三者才有用)。每个数据加五分,每个形容词扣一分。

简历的小标题包括:联系信息,主要资质,工作经验,相关志愿工作与其他经历,教育背景以及奖励情况。

三、不要太死板

简历不仅仅显示了你的经验和技能,也展现了你的个性。在叙述已取得的成果时，你一定要自信、从容。简历要尽量写得开放、自然、专业且具有个性，这会让对方觉得你像久违的朋友。另外，你要尽量表现出在自己专业领域的博学，并能引起对方的兴趣。千万不要让简历变成枯燥无味的文件。

四、定期整理你的简历

要重申一下，好的简历应该格式整齐，有留白，让人赏心悦目。求职的信息要尽量写在一页纸上（如果你在专业领域有五年以上的工作经验，可以用两页纸）。绝对不要有错字，漏字或语法错误——否则你的简历将立即被投进垃圾桶里。

好的简历是要经过长时间打磨的，记得常常检查你的简历，在适当的时候更新信息。任何一封求职申请都不会是最终版本，认真研究招聘的职位描述，和这个职位无关的内容不要写，有关的好好写。陈旧的简历会让你很快被淘汰出局。

三、证书等材料的准备

为证明自己在大学四年期间所取得的成绩和各种荣誉，增加自己求职的砝码，加深用人单位对自己的印象，这就需要提供各种可以说明自己能力、成绩的获奖证明，主要为大学期间所获的各类奖励和荣誉。具体来说，可以分为以下几类：

（1）毕业证书、学位证书、各类学历证书和结业证书；

（2）"三好学生""优秀学生干部""优秀团员""优秀毕业生"等荣誉证书；

（3）英语四级、六级证书，计算机等级证书，各类奖学金证书；

（4）社会实践、征文比赛、文艺演出、体育运动会、社团活动等各类活动的获奖荣誉证书；

（5）在正式出版物发表过的文学作品、科研论文、美术设计作品、摄影作品及各类小制作、小发明、小创作的图像资料；

（6）其他有关专长、爱好的证明材料等。

这些获奖证明材料或荣誉证书是毕业生的"拳头产品"，是敲开用人单位大门的"重磅武器"。因此，无论是用人单位还是毕业生个人都较注重这方面材料的收集。

第三节　调整心态

就业是大学生人生道路上的一次重大选择，此时将会遇到比以往任何时候都严肃的难题、复杂的矛盾和深深的困惑，每个人都要承受各种心理压力。因此，大学生有必要学习心理方面的知识，培养良好的心理素质，做好充分的心理准备，以实现成功就业的目的。

一、心理素质对就业的影响

心理素质是指人在认知、情绪情感、意志、性格、自我意识、价值观及社会交往与适应能力等方面的素养。它是在环境的熏陶下,个人经过长期的修养、逐步内化的一种心理结果。心理素质直接影响着人的自身发展、活动效率及对各种环境变化的适应能力。目前,心理素质教育已经成为我国高等学校教育的重要内容,各院校都逐步加大了心理教育的力度,逐步提高了心理素质教育的地位。

心理素质是21世纪大学生综合素质中的重要组成部分,在求职就业过程中,心理素质的强弱起着至关重要的作用。心理素质对大学生就业方面的影响主要表现在两方面。

一方面是对大学生求职择业的影响。一是对就业目标的影响。求职就业是大学生完成学业,走向社会、服务社会的需要。求职就业中的首要问题是确定就业目标,而心理素质对确定就业目标起着重要作用。它决定求职者能否客观正确地分析自我、认识自我;能否客观正确地分析用人单位需要和社会需要;能否将个人利益与国家利益、个人理想与社会需要有机结合起来;能否在就业目标中找到自己准确的位置。二是对就业目标实现过程的影响。就业是选择与被选择的过程,是大学生施展才华、叩开职业大门的过程,也是用人单位评判、筛选人才的过程。大学生在就业过程中,将会遇到自荐、面试、笔试、竞争等一系列的考验,也将会遇到专业与爱好、专业与效益、专业与地域、地域与家庭之间产生的矛盾。能否顺利地通过这些考验,能否果断地处理这些矛盾,心理素质起着重要作用。良好的心理素质,可使人在面对考验和矛盾时,做到镇静自如、乐观向上、缜密考虑、果断决策。三是对实现职业目标的影响。良好的心理素质对就业目标的实现起着促进和保障作用,可使求职者充分发挥自己的聪明才智,挖掘自己的潜力,综合自身的优势,扬长避短,不懈努力,从而找到最能施展自己才华、实现人生抱负的舞台。

另一方面是对大学生职业适应与职业成就的影响。一是对职业适应的影响。大学生求职就业完成后将走向新的岗位,由于角色、人际关系、环境的变化,需要适应和处理这一转折时期出现的各种问题。若心理素质良好,就能及时调整心态,尽快适应职业角色,使适应期大大缩短;反之,则难以适应角色,使适应期延长。二是对职业成就的影响。适应职业仅仅是一个开端,在岗位上做出成就和贡献才能实现人生抱负。心理素质对职业成就的取得起着重要的作用,若心理素质良好,就能发挥个体优势、热爱职业、献身职业,以顽强的意志攻关,解决工作中的困难,改进和提高工作效率,在岗位上做出贡献;反之,则很难做出成就。

大学生具备良好心理素质的基本表现主要包括以下几点。

一是具有良好的自我意识。能在社会关系中全面、客观、积极地看待自己，对自己的优点、长处感到喜悦，也能正视自身存在的弱点和不足。二是有正常的人际关系。能全面地接纳他人，包容他人的缺点与不足；与人相处中多持尊敬、信任、喜悦等积极态度，减少嫉妒、怀疑、憎恶等消极态度，在人际交往中保持自尊、自信、自重。三是能积极地解决问题。在现实环境中会遇到各种问题，对所遇到的问题和矛盾能运用有效的方法加以妥善处理，不回避、不消沉，表现出积极进取的精神。四是有较强的情绪协调和控制能力，以及较强的耐挫能力。善于协调和控制心理情绪，面对挫折和压力，能保持较为平静的心态和控制行为的自觉性，显示出积极的情感特征。五是有积极、乐观的人生态度。有现实的理想，对未来充满希望，不过度沉迷于幻想；具有积极学习、努力探索的愿望，善于寻找发现自己喜欢的活动，并主动致力于自己所从事的活动，努力克服困难，争取成功。

大学生在校期间应注重培养以下几个方面的心理素质。

第一，敢于竞争的良好心理素质。竞争是人类的一种本能，在知识和技能不断激增和强化的今天，优胜劣汰的市场环境让这种本能变成了人们必须具备的一种能力素质。因此，在进入大学之初，大学生就要有意识地培养自身的竞争意识，提高竞争能力。竞争能力的培养取决于竞争意识的确立，只有具备明确的竞争意识，才能有积极的竞争行为。每个人都有自己的长处，如何在激烈的竞争中脱颖而出，这就取决于积极的竞争意识。

第二，能适应社会变化的心理素质。国际经济、政治形势的变化，国内各种政治经济的改革，使得大学生所处的就业环境在不断地发生变化。面对多变的就业环境，大学生必须具备良好的应变能力及良好的应变心理素质，以便面对新的工作环境、学习环境、人际环境和生活环境，能尽快地适应并积极投入其中。具体来说，首先要以积极的心态去适应社会环境，对外部环境不苛求、不抱怨。其次是对职业选择的适应。大学生在求职就业过程中都会受到社会分工和社会需求的局限，职业选择的自由也仅仅是在社会需求的职业中，根据自身条件和他人需求所进行的选择。最后是对他人的适应，即对他人保持宽容、尊重的态度，并以积极的心态去与他人交往。

第三，战胜挫折的心理素质。21世纪是机遇与挑战并存的时代，大学生在就业准备及就业过程中时刻会面临受挫的考验。因此，从进入大学开始，大学生就应着力培养自己的耐挫能力。要充分认识挫折是难以避免的，应有"做最好的努力，做最坏的打算"的心态，正确分析和认识挫折产生的原因，培养自己正确归纳的能力；有意识地锻炼提高自己的耐挫能力，在现实的学习、生活、工作中，有意容忍和接受一些日常的挫折，以磨炼自己的耐挫能力；有意识地磨炼自己坚韧的性格品质，培养不屈不挠、坚韧不拔的精神，从而不断克服挫折、战胜困难，走向成功。

二、求职择业常见的心理问题

（一）常见的心理矛盾

心理矛盾也可理解为心理冲突，是指两种或两种以上不同方向的动机、欲望、目标和反应同时出现，由于无法做出判断而引起的紧张心态。心理矛盾并不奇怪，每个人都会出现心理矛盾，也都是在矛盾心理中度过的，甚至可以说心理矛盾是促进心理发展的动力。但是，过分强烈而持久的心理矛盾会对人的心理健康与活动效果带来消极影响。大学生在求职就业中的心理矛盾就属于这种情况。这类矛盾既有需求矛盾，也有目标矛盾，主要表现为以下几个方面。

（1）拥有远大的理想，但不能正视现实。每个大学生对未来都有美好的追求，在就业过程中这种追求和憧憬变得尤为强烈，且更为丰富、远大。经过充实而丰富的大学生活，大学生的知识系统变得更为成熟，面对多变的社会形势，他们满怀豪情，准备放手一搏。然而，由于接触社会较少，社会经验欠缺，理想往往脱离社会的客观条件。例如，许多大学生梦想着成为企业家，希望走上商业成功之路，但他们并未考虑到自己的知识、能力、性格、爱好、气质等是否适合从商，出现了理想的自我膨胀与现实的自我萎缩之间的矛盾。

（2）追求个人价值的实现，却缺乏艰苦创业的思想准备。在就业过程中，很多大学生愿意到祖国需要的地方去建功立业，实现自己的人生价值。然而，一些大学生缺乏艰苦创业的心理准备，不愿到艰苦的地方去，不愿到边远地区去，不愿深入基层中。有些大学生虽然也关注国家与民族的前途，但过分强调个人价值，更想去那些工作条件好、层次高的单位，一举实现自己的人生价值。

（3）渴望充分竞争，然而缺乏竞争的勇气。就业制度的改革，为高校毕业生就业提供了公开、公正的竞争环境。然而，竞争也让一部分高校毕业生感到了压力，感到无所适从。甚至有部分大学生错误地认为竞争为不正之风开辟了新途径，双向选择滋长了不正之风。虽然当今的社会环境使得理想的竞争环境还没有真正到来，但随着就业制度改革的不断深化，公平的竞争环境必然会到来。如果大学生无法面对现实，缺乏竞争的勇气，那么势必会造成一定的心理障碍，在就业过程中变得顾虑重重，举棋不定。

（4）有较强的自我意识，但缺乏把握自我的能力。大学阶段，大学生的自我意识日趋完善，对自我的存在及意义有了清楚的认识。在就业过程中，他们已经意识到自己将作为人才被社会使用，为社会贡献自己的才能，因此他们也要求社会能够承认他们这种自我意识,并以此为标准进行就业。但由于大学生的人生观、价值观尚未最终定型,加上社会环境的影响,他们往往不能客观地评价自己。一些大学生对自己评价过高,缺乏承受挫折的心理准备。还有少数大学生自我评价过低,时常产生自卑自贱的心态,就业选择时容易产生期望值过低,缺乏主动竞争的心态。

(5)强调个人情绪的宣泄,但往往导致自我心理的封闭,大学生在毕业阶段的心理冲突中,孤独感占了主要位置。由于内心的极度焦虑,宣泄意识得到加强,普遍渴望宣泄,寻找一吐为快的契机,进而达到自身心理上的平衡。但由于毕业生缺乏对周围人的信任,不愿轻易打开自己的心扉,表露自己真实的内心想法。有的人害怕引起他人的误解,有的则担心别人知道自己的秘密,害怕自己在与别人竞争中处于不利地位。所以毕业生与周围人交往时,总会掩饰自己内心的想法。种种自觉与不自觉的对周围世界心理上的"敌意",使这个阶段的大学生的社会认识产生了偏差。总之,低落的情绪、压抑的情感,人为造成自我心理封闭,是毕业阶段大学生就业的一个重要心理误区。

(6)鱼与熊掌不可兼得,难以决断。在就业过程中,往往会遇到多种选择的境遇。各种选择各有优缺,倘若犹豫不决,往往会错失良机。大学生在就业过程遇到难以决断的问题主要包括经商能赚钱,但不稳定;留在家乡人际关系较熟,但缺乏新鲜感和挑战性;去外地有新鲜性和挑战性,但又人地两生等。

(二) 常见的心理误区

心理误区是指人在心理上特别是认识和人格上陷入无出路而又不能自拔,且本人对此又缺乏意识的形态。大学生在求职就业中常见的心理误区如下。

(1)"双向选择"就是"自由选择"。部分学生认为,既然现在社会是市场经济,就业政策就应该是完全的市场政策,供需双方完全可以自由交易。自由度越大,毕业生与用人单位双向选择的空间就越大,"我愿意选择哪里就选择哪里""哪里选择我,我都可以去"。他们时常抱怨改革的步伐太慢,埋怨"一定范围内的双向选择"实际上是给他们划定范围,他们期望一个无拘无束的选择空间。他们并不明白就业制度的改革必须和劳动人事制度、招生制度和户籍制度相配套,是逐步推行和实施的,是一个循序渐进的过程。

(2)我不能比别人差。大学生参加大规模的招聘会次数不多,衡量就业岗位好坏与评价自己的价值能否得到承认的最常见办法就是互相攀比。他们在心理上总具备这样的想法,就是"我不能比别人差""我不能不如人""过去我事事顺利,就业依然也会顺利"。尤其是学习成绩好的学生更是如此。于是在选择过程中,攀比嫉妒,强求心理平衡,总是把"比别人强"作为标准,不从实际出发,结果延误了时机。

【案例】

小林的错误选择

小林是计算机专业的本科生，开始联系工作时有两家公司可供选择，一家是当地有名的房地产公司，试用期工资3000元/月，转正后可达5000元/月；另一家是软件开发公司，名气不大，公司设在远郊，交通不很方便，试用期工资2000元/月，转正后可达3500元/月，如果软件设计、改革被采纳，可以提成和获得奖金。

小林本来想去软件开发公司，认为这在专业上有很大挑战，但觉得自己同学找到的工作工资都在3000元以上，而且单位名声也比较大，如果自己去了一个小公司，大家会认为自己没本事。于是，他最终选择了房地产公司，进公司后才发现岗位的主要任务是打字、数据输入，这样的任务一般大专生就可以胜任。而自己学习的计算机网络和程序设计等技能都没有使用的机会，他实在担心专业的退化。

（3）大多数人钟情的一定是好工作。部分学生在选择工作单位时，自己毫无主见，总是随波逐流，跟随大多数人的步伐走。他们认为，大多数人钟情的，一定是好工作；大多数人选择的，一定没错。结果，人云亦云，不假思索，盲目跟着大多数人走，忽视了自己的长处，丧失了最能发挥自己才能的机会。

（4）必须去沿海或大城市。面对就业，部分学生认为要去就去沿海或大城市。在他们的眼里，沿海可以挣到更多的钱，大城市能够得到更多的发展机会。他们宁肯到沿海或大城市从事非本专业的工作，也不愿去当地或西部地区、边远地区就业；宁愿得到大城市的一张床，也不愿要边远地区的一套房。他们选择的目标不是北京、上海、广州，就是深圳、天津、珠海，很少考虑能让自己事业发展和能力发挥的地方，也很少考虑到国家和社会的需要。

（5）选择单位就看实惠不实惠。部分毕业生认为，就业既然是人生的一次重大选择，那么选择单位时就要看实惠不实惠。他们的想法是"管它专业对口与否，挣钱是第一""前途，有钱就图""先挣钱，后搞专业"。在与用人单位洽谈时，首先考虑的是单位的效益怎么样、奖金丰不丰厚、能否解决住房问题，而很少涉及专业问题。在他们眼里，只有经济效益好不好，很少问津是否能将自己的才能充分发挥出来。

（6）求职的竞争是关系的竞争。有些大学生认为，就业的竞争不是求职者素质的竞争，而是关系的竞争，看谁的关系硬，看谁的关系能起作用。于是，这些学生不把立足点放在自身努力上，而是找关系、托门路、递条子，甚至不惜代价，重礼相送，用庸俗化措施对待就业。在自己反对不正之风的时候，又用不正之风的手法对待就业，使公平、公开、公正的竞争原则受到了损害。

（7）首次就业关系一生命运。有的学生受传统就业观念的影响，把初次就业看得过重。在他们眼里，选择一个单位就预示着自己找到铁饭碗，自己将会在这个单位终守一生。他们看不到人才流动制度改革的步伐正在加快，看不到新的就业观正在深入人的思想中，看不到越来越多的人正是通过人才流动才找到适合自己的岗位。

（8）非国有单位不予考虑。部分学生就业的观点是"非国有单位不予考虑"，认为只有国有单位才可靠、保险、稳定。这些学生主动选择就业于国有单位应该给予肯定，但工作的稳定与保险不是以单位所有制决定的，关键要看其是否主动适应市场经济的需求，是否有发展空间。在现实社会中，不少非国有企业能主动适应市场的要求，同样有助于大学生聪明才智的发挥。那种认为到国有企业就可以稳定的观点是过时的，随着人事制度的改革，国有单位也充满了竞争，不适应工作岗位的人也会失业。

（三）常见的心理障碍

心理障碍是指心理不健康的现象或倾向，是心理压力和心理承受力相互作用，使人失去了应有的心理平衡的结果。心理障碍表现十分复杂，程度亦有轻重之分。大学生在就业过程中出现的心理障碍多属适应过程中的轻度心理障碍，具体表现为以下几个方面。

（1）焦虑。焦虑是由心理冲突或挫折而引起的，是一种复杂情绪的反应，主要表现为恐惧、不安、忧虑及某些生理反应。轻度忧虑，人人都有，属于正常现象，可以使人产生一种压迫感，促使人更加努力。过度焦虑，则会干扰人的正常活动，容易导致较严重的心理障碍或疾病。毕业时期的大学生心理问题主要表现为过度焦虑，主要源于自己的理想能否实现，能否找到一个适合自己特长发挥且待遇丰厚的单位；用人单位能否选中自己，屡屡被人拒绝后怎么办；自己相中的单位，亲戚朋友不同意怎么办；选择单位失误，造成"千古恨"怎么办；到单位后不能胜任工作怎么办等问题。这种焦虑现象使大学生毕业时精神负担沉重，紧张烦躁，心神不宁，萎靡不振；学习上得过且过，穷于应付，反应迟钝；生活中意志消沉，长吁短叹。有些学生在屡遭挫折后，甚至会产生就业恐惧感，一提就业就会十分紧张。大学生就业过程中的焦虑心理的另一种特殊表现为急躁。在工作确定前，大学生普遍都有急躁心理，恨时间太慢，怨用人单位不识人才，希望无须周折便可如愿以偿。在选择单位上，缺少对单位信息的详细了解而匆匆签约。而在毕业之际，没有落实工作的毕业生，心里更为急躁，缺乏对自己的自我控制，往往会导致事倍功半。

（2）自卑。一些大学生低估了自己的能力，总是自惭形秽，看不起自己。在求职过程中他们往往缺乏信心、勇气，不敢参与到竞争中，这样的人多为自我意识发展不健全的大学生及性格内向或有生理缺陷的大学生。在屡遭失败后，一些大学生容易产生强烈的自卑心理，胆小、畏缩，觉得自己事事不如他人。自卑是一种缺乏自尊心、自信心的表现，使得一些学生悲观失望，忧郁孤僻，不思进取，阻碍了学生自身聪明才智的正常发挥。

（3）怯懦。怯懦是一种胆小、脆弱的性格特征。有些大学生在求职就业过程中过于怯懦，有一种"丑媳妇怕见公婆"的心理。有的大学生在面试过程中不是面红耳赤，就是语无伦次、答非所问，之前准备好的台词，紧张之下就忘得一干二净。有的大学生胆小谨慎，生怕一句话说错、一个问题回答不好会影响自己在新单位中的形象，以致不敢放开说话。这些学生渴望公平，但在机遇面前却手忙脚乱，局促不安。他们盼望竞争，却在机遇面前未能发挥自己的才能。这种怯懦的心理多见于性格内向或抑郁气质型大学生，往往会影响到他们面试期间正常水平的发挥。

（4）孤傲。部分大学生对自己能力评价过高，自认为高人一等，十分傲气。或认为自己学习成绩十分优秀，各方面条件都不错，不会没有好的工作，任何一个单位录用自己都是十分幸运的。或认为现实环境没有自己发挥才能的地方。这些大学生在就业过程中，好高骛远，期望值过高，看不上这个单位，瞧不起那种职业，没有让自己满意的工作。孤傲心理是缺乏客观的自我分析和自我评价的表现，很容易让他们脱离实际，以幻想代替现实，使得就业目标与现实情况产生极大的反差。一旦未能如愿，便会产生孤独、失落、烦躁、抑郁的心理现象。

（5）冷漠。当一些大学生在就业过程中受到挫折而感到无能为力、失去信心的时候，会出现不思进取、情绪低落、情感淡漠、沮丧失落、意志麻木等现象。他们认为自己已看透世事，在就业方面多持有听天由命的态度。冷漠是遇到挫折后的一种消极心理反应，是逃避现实、缺乏斗志的表现，与就业竞争机制是不相适应的。

（6）问题行为。问题行为即违背社会行为规范的不良行为。毕业前，一些大学生因某些需要不能满足或有强度较大的挫折感，加之平日缺乏应有的品德与个性修养，做出各种违背校纪的不良行为，如逃课、损坏公物、报复他人等。这些问题行为的出现，不仅会影响学生顺利毕业，严重的还会触及国家法律制度。

三、以良好的心态对待择业

要消除毕业生求职就业过程中的心理问题，大学生不仅需要学会自我心理的调适，更要以积极的心态去面对就业。

（一）正视现实

正视现实是大学生必备的就业心态之一，包括两个方面的内容：正视社会与正视自身。

（1）正视社会。人是社会之人，是现实之人，无论正视与否，现实都是客观存在的。积极的心态是正视社会、适应现实，消极的心态则是脱离社会、逃避现实。随着社会主义市场经济的发展，社会越来越尊重知识与人才，这对大学毕业生来说是重大机遇，对大学生就业、创业是有利的。社会将会最大限度地为大学生提供求职就业的机会，这为大学生施展才能提供了广阔的天地，有助于大学生自身才能的发挥。但是，我国的经济水平还比较落后，社会提供的工作岗位不可能让每个大学生都满意。加上我国目前针对毕业生的就业制度还不完善，仍存在一些不正之风，一些用人单位利用手中职权对大学生提出了十分严格的要求。这些客观存在的现实情况需要大学生去面对。因此，当代大学生必须从实际出发，处理好理想与现实的关系。

（2）正视自身。常言道：知己知彼，百战不殆。正视自身，首先要对自己有一个全面的认识，如思想表现、专业学习、自身能力、身心素质等。对自己的充分认识，有助于将主观愿望与客观现实有机结合起来，有助于大学生就业目标的实现。在市场经济充分发展的今天，用人单位对毕业生能力的考察是多方面的。因此，大学生在就业过程中，正视自我，对自己有一个全面、客观的认识，有助于大学生找到适合自身的工作。

（二）不怕挫折

挫折是指个人在从事有目的的活动过程中遇到的干扰和障碍。遇到挫折时，要认真分析失败的原因，是主观努力不够还是客观要求太高，是客观条件苛刻还是主观条件不具备。只有认真分析，找到真正失败的原因，才能更好地调节心理。大学生在就业时，应该保持健康稳定的心理，采取积极的态度，遇到挫折，不要消极退缩。当然，从根本上说一个人战胜挫折的能力绝不是一时努力就能提高的，而是有赖于大学生平日不断增强自身修养，学会科学地认识和分析问题，不断提高分析和解决问题的能力。对于当代大学毕业生来说主动接受一些磨难，增加一些挫折经历，是十分必要的。

（三）敢于竞争

大学生就业制度的改革，为毕业生和用人单位提供了更多"双向选择"的机会，但也更加体现了竞争机制。

敢于竞争首先要具有竞争意识。大学生要适应就业制度的改革，强化竞争意识。作为天之骄子的大学生应该具有青年人的朝气和锐气，要敢想、敢说、敢干，不能唯唯诺诺、羞怯自抑。敢于竞争要从实际出发，充分考虑自身因素，扬长避短，发挥特长。敢于竞争要靠真才实学，而不能夸夸其谈，更不能互相拆台、互相嫉妒，应在互相学习、互相勉励、共同进步中进行。敢于竞争就要准备经受挫折。求职就业的竞争，失败是不可避免的，要有充分的思想准备，尤其是做好遭受挫折的准备，这样才能成为竞争中的强者。

人生本就是一场竞争。大学毕业生在面对激烈的社会竞争时，应摒弃侥幸心理，面对机遇，敢于正视现实，在激烈的竞争中奋力拼搏，最终实现自己的人生目标。

（四）放眼未来

尽管现在我国社会为大学毕业生提供了"双向选择"的机会，大部分学生可以通过这样的机会获得自己理想中的工作，但由于种种因素影响，部分大学生的就业意愿还是无法实现。对此，大学生应该有充分的认识，要从长计议，正视现实，放眼未来。要充分认识到，职业是自己人生的起点，全身心地投入其中才能使自己成长、发展，从而实现自己的人生理想，达到为社会服务的目的。要充分认识到目前我国人才匮乏的地区是基层和西部地区，这些地方有助于大学毕业生才华的施展。

大学生也应该看到我国目前人事制度正处于改革时期，随着市场经济的发展，人事制度也在发生变化，人才流动的机会也会越来越多。因此，首次就业的失败或未能如愿，还会有第二次、第三次甚至更多的机会，越来越开放的人事流动制度将会为毕业生提供更为广阔的就业前景。

第四章 大学生创业准备与实施关键问题研究

第一节 大学生创业准备阶段

一、创业机会与创业模式的选择

（一）创业机会的识别

创业活动的实施首先是要经历创业思路、创业备选项目和创业商机三个阶段，其中创业商机是关键。创业思路即通常说的"生意点子"，是一种未经市场需求评价和竞争分析检验的生意性意念。创业备选项目是创业思路的具体化。而创业机会实际上是一种可能的未来盈利机会，这一机会需要有实体企业或者实际商业行动的支持，通过具体的经营措施来实施，以实现预期的盈利。创业机会的识别主要有以下几种途径。

1. 通过分析特殊事件发现创业机会

例如，2008年12月16日，我国大陆与台湾实现了大三通，这为大陆和台湾创业者提供了许多商机，包括旅游、农副产品贸易等。再如，2003年"非典"疫情对我国经济有很大的消极影响，但给生产喷雾器、消毒液、口罩、温度计的工厂带来了商机。

2. 通过分析矛盾现象，社会需要发现创业机会

社会需要是创业的前提，能够急社会发展所急，供社会发展所需的项目，容易取得社会的承认、帮助和支持。从社会需要出发发现商机，可以从政府或研究机构提出的鼓励发展的产业政策中、从社会问题中、从市场信息中、从社会调查中、从社会变化潮流中、从行业的交叉领域中、从市场空缺处发现创业商机，通

过开拓社会需要创造创业项目。例如，欧元的出台是公开的信息，海宁一家皮革企业从中得到商机，生产适合欧元的皮夹，因为欧元与原来欧洲各国的货币大小有别，这家公司生产了大量适合欧元的皮夹，获得了很好的收益。

3. 通过分析生产程序、工作程序，经营程序发现机会

通过分析生产程序、工作程序、经营程序的改进，甚至管理方式、方法的改进，在现有的市场上寻找、发现创业商机。例如，通过改进生产环节，改进产品的性能，使价格更低、功能更多，开发新商机。再如，绕过分销，直接销售，降低生产和经营成本，实现创业。

4. 通过分析市场变迁趋势发现创业机会

市场变迁趋势是指某种产品、服务发展的潮流。例如，工业产品在农村的连锁超市经营方式就受到了市场的欢迎。

5. 通过分析人口结构及其变迁发展趋势发现创业机会

例如，老龄化的出现，使得在一些地区、地域专为老年人服务的商品、服务受到欢迎。此外，还可以通过分析、研究地域和气候特点选择有地域特色的创业项目。

6. 通过分析人们的思想观念变化及其趋势发现创业机会

随着技术变革，居住环境、职业结构变化，人们的思想观念也随之发生变化，研究分析、认识、把握这些趋势，能够为我们提供新的创业机会。此外，还可以通过分析、研究地域人口、习俗、消费偏好及其变化，选择符合地域习俗的创业项目。

7. 通过分析知识、新技术发现创业机会

通过新知识、新技术的应用，为市场推出新产品、新服务。这种创业方式风险比较大，但竞争对手少，甚至没有竞争对手。如果时机选择得好，创业就容易成功。

8. 通过分析自己的特长和环境基础发现创业机会

具体地说，一是从自我优势出发发现商机。例如，从自我能力、特长、优势出发，根据自己的专业技术、个性特点、经验，在自己熟悉的行业扬长避短地选择项目。二是从自己的兴趣爱好出发发现创业机会。一个人的兴趣爱好常常是学习、工作的重要动力，兴趣爱好若与社会需要结合，创业热情就高，学习、工作的主动性、自觉性、积极性也高，创业就容易成功。

（二）创业机会的评估

创业本身是一种高风险行为，如果创业者能事先以比较客观的方式进行评估，那么许多悲剧结局就不至于一再发生。以下是针对创业机会的市场与效益方面提

出的一套评估准则,为创业者评估是否投入创业提供决策参考。

1. 市场评估准则

(1) 市场定位。评估创业机会的时候,可由市场定位是否明确、顾客需求分析是否清晰、顾客接触通道是否流畅、产品是否持续衍生等,来判断创业机会可能创造的市场价值。创业带给顾客的价值越高,创业成功的机会也会越大。

(2) 市场结构。针对创业机会的市场结构进行6项分析,包括进入障碍、供货商、顾客、经销商的谈判力量、替代性竞争产品的威胁及市场内部竞争的激烈程度。由市场结构分析可以得知新企业未来在市场中的地位,以及可能遭遇竞争对手反击的程度。

(3) 市场规模。市场规模大小和成长速度,也是影响新企业成败的重要因素。一般而言,市场规模大,进入障碍相对较少。反之,一个正在成长中的市场,进入障碍相对较多。但正在成长的市场通常也会是一个充满商机的市场,只要进入时机正确,必定会有获利的空间。

(4) 市场渗透力。对于一个具有巨大市场潜力的创业机会,市场渗透力(市场机会实现的过程)评估将会是一项非常重要的影响因素。聪明的创业家知道选择在最佳时机进入市场,也就是市场需求正要大幅成长之际。

(5) 市场占有率。从创业机会预期可取得的市场占有率目标,可以显示这家新创公司未来的市场竞争力,例如,要成为市场的领导者,最少需要拥有20%以上的市场占有率。但如果低于5%的市场占有率,那么这个新企业的市场竞争力就不高,自然也会影响未来企业上市的价值。

(6) 产品的成本结构。产品的成本结构可以反映新企业的前景是否亮丽。从物资与人工成本所占比重之高低、变动成本与固定成本的比重及经济规模产量大小,可以判断企业创造附加价值的幅度及未来可能的获利空间。

2. 效益评估准则

(1) 合理的税后净利。一般而言,具有吸引力的创业机会,至少需要能够创造15%以上的税后净利。如果创业预期的税后净利在5%以下,那么这就不是一个好的投资机会。

(2) 达到损益平衡所需的时间。合理的损益平衡应该能在两年以内达到,但如果三年还达不到,恐怕就不是一个值得投入的创业机会。但有的创业机会确实需要经过比较长的耕耘时间,通过前期投入创造进入障碍,保证后期的持续获利。在这种情况下,可以将前期投入视为一种投资,可以容忍较长的损益平衡时间。

(3) 投资回投率。考虑到创业可能面临的各项风险,合理的投资回报率应该在25%以上。一般而言,15%以下的投资回报率,是不值得考虑的创业机会。

资本需求。资金需求量较低的创业机会,一般会比较受投资者欢迎。事实上,资本额过高其实并不利于创业成功，有时还会带来稀释投资回报率的负面效果。通常，知识越密集的创业机会，对资金的需求量越低，投资回报反而会越高。因此，在创业开始的时候，不要募集太多资金，最好通过盈余积累的方式来创造资金。

毛利率。毛利率高的创业机会，相对风险较低，也比较容易取得损益平衡。反之，毛利率低的创业机会，风险则较高，遇到决策失误或市场产生较大变化的时候，企业很容易遭受损失。一般而言，理想的毛利率是40%。当毛利率低于20%的时候，这个创业机会就不值得再予以考虑。

策略性价值。能否创造新企业在市场上的策略性价值，也是一项重要的评价指标。一般而言，策略性价值与产业网络规模、利益机制、竞争程度密切相关，而创业机会对于产业价值链所能创造的价值效果，也与所采取的经营策略和经营模式密切相关。

资本市场活力。当新企业处于一个具有高度活力的资本市场时，它的获利回收机会相对比较高。不过资本市场的变化幅度极大，在市场高点时投入，资金成本较低，筹资相对容易。但在资本市场低点时，投资新企业开发的诱因则较低，好的创业机会也相对较少。

退出机制与策略。所有投资的目的都在于回收，因此退出机制与策略就成为一项评估创业机会的重要指标。由于退出的难度普遍要高于进入，所以一个具有吸引力的创业机会，应该要为所有投资者考虑退出机制，以及退出的策略规划。

拓展阅读

创业的几个金点子

为什么有些人会觉得赚钱难，创业难，商机难寻？其实创业金点子往往就在每个人的身边，要看个人有没有善于发现金点子的眼睛。当你意识到它的存在，就有可能走向成功。下面与读者分享创业的四大金点子，看了这些让创业者年入百万的创业金点子后，你还hold得住吗？

1. 代销店

如今，一些企业为了拓宽市场，减少费用支出，会以代销形式进行产品销售。创业者可以去找一些企业合作，开办一家代销店。开办代销店投资少、风险小，一般在确定营业场所之后，企业只向代理商收取一定的押金，再无其他大的投资。代销店经营的商品由合作企业负责送货上门，价格也由合作企业统一制定，售后服务也由合作企业负责。创业者只要搞好销售，就可以得到企业固定的分成。此外，创业者还可以通过互联网这个平台来销售合作企业的商品，这样操作起来就更简单易行。

2. 校园二手货经营店

现在中国大学生的数量相当大,而且大学生的消费也相当惊人,大学生毕业后,很多东西无处可放,弃之可惜,因此,创业者可以在校园创立二手商品店,解决毕业生的烦恼。创业者可以低价购进一些二手货品,然后经清洗、保养后,转手卖给其他在校学生或校外消费者。

3. 情侣礼品店

情侣礼品店虽然随处可见,但大多数都是传统礼品店,因此,创业者只要寻找有新意、有特色的小礼物作为货源,就能吸引消费者的眼球。当精致的饰品被贴上爱的标签时,饰品本身的价格就不重要了。因此,只要商品有特色、有个性,就不怕没有消费者。

4. 解压玩具店

现在职场竞争激烈,人们的压力日益增大,当人们的压力无处释放的时候,解压玩具可以帮人们解决这个问题,解压玩具让解压成了一件轻松快乐的小事。创业者可以选择一些能够帮助客户宣泄情绪的解压玩具。例如,"捏泡泡"玩具可以仿真气泡纸按下时的触感和声音。还有一种被称作"尖叫鸡"的解压玩具,只要按压它,就会发出逼真的惨叫声,消费者可以用捏"尖叫鸡"的办法来代替自己尖叫、怒吼。

(三) 创业模式

《科学投资》杂志对数百家企业进行统计发现,在创业企业中,因为战略原因而失败的有23%,因为执行原因而夭折的占28%,但因为没有找到恰当的盈利模式而走上绝路的却高达49%。可见,正确选择创业模式在成功创业过程中占据着十分重要的地位。

创业模式,又称商业模式,是指企业在较长的时间内维持稳定经营,并不断收获利润的规律性方法。创业模式可以借鉴,但一般不可以照搬。因为创业模式需要创业者根据自己实际情况加以改造,改造目标是为了获取利润。因此,创业模式在一定意义上也就是盈利模式。赢利的方法千差万别,但也存在一些共同的规律。常见的创业模式主要包括创办新企业、收购现有企业、特许经营、经销或代理、内部创业等。

1. 创办新企业

创办新企业是典型的创业模式,是指创业者通过实施自己的创业计划来创建一家新的企业。创办新企业与其他创业模式相比,存在更大的难度和风险,但创业者从中获得的成就感也是其他创业模式无法比拟的。创办新企业一般需要具有以下秘诀。

（1）广泛的社会关系

创办新企业时，由于创业者没有足够的资金实力，也很难请到高水平的人才，所以创业之初的生意来源很大部分是靠社会关系。有了广泛的社会关系，产品或服务就有了一个好的销售渠道。

（2）有预见性

对于创业者来说，要想成功就要寻求一个好的项目或产品。一般要考虑以下三点：一是该产品或项目要顺应社会发展的潮流；二是要与众不同；三是推广时不需要或只需要很少的市场启动资金。这就要求创业者有一定的预见能力，能够把握好市场的发展趋势，从而找到并占领某一市场缝隙。

（3）良好的信誉和人品

创业之初，创业者资金实力不够，只有依靠自己的人格魅力，才能吸引一批志同道合、愿意跟随的人。同时，由于经营规模小，商业信誉度不高，这时要用创业者的个人信誉和人品来担保。

（4）吃苦耐劳的精神

创办新企业的创业者只有依靠吃苦耐劳的精神，付出比竞争对手更多的努力和辛苦。多做一些工作，去感动客户，才能在竞争中取胜。

2. 收购现有企业

收购现有企业，是指收购一家正在运营的企业，该企业可以是赢利的，也可以是亏损的。以收购现有企业的方式创业，可以省去初创企业的一系列烦琐手续，直接对企业进行管理。但是，收购现有企业之前，创业者必须全面、深入地了解该企业，避免盲目做出决策。

3. 特许经营

特许经营，或称加盟创业，是指特许者将自己所拥有的商标、商号、产品、专利（专有）技术和经营模式等以合同的形式授予被特许者使用，被特许者按合同规定，在特许者统一的业务模式下从事经营活动，并向特许经营者支付相应费用。

4. 经销或代理

经销是指创业者从其他企业买进产品再转手卖出，关注的是价差，而不是实际的价格。

代理是"代企业打理生意"的意思，不是买断企业的产品，而是厂家给额度的一种经营行为，货物的所有权属于厂家，代理商一般只赚取企业代理佣金或代理折扣。

5. 做指定供应商

全球化经济时代，社会分工越来越细，一件商品的生产和营销往往被细分为众多的环节,由此给配套生产者提供了机会。不仅大的、复杂的整机,如汽车、摩托车、家用电器等有众多的配套厂家;就连小型的商品,如桌椅、香烟、白酒、望远镜等,也有许多是分工合作的产物。这些配套厂家就像众星捧月般地守卫着上游厂家。它们起点低、利润薄,投资也少,恰恰适合于资金不足、经验缺乏的创业者。只要和上游厂家搞好关系,勤恳工作,保证质量,那么就可以借助这个平台,在短时间内完成创业过渡期和危险期。

替品牌厂家贴牌加工生产,是一种较为新型的合作关系。品牌厂家为了降低生产成本,或者为了腾出资源开辟新的经营领域,往往会将热销中的商品托付给信得过的加工厂商生产。贴牌生产目前不仅在跨国公司之间流行,一些国内驰名品牌或是区域性品牌也提供贴牌生产。正所谓:一流的企业卖品牌,二流的企业卖技术,三流的企业卖产品。当然,还有超一流的企业,他们卖的是标准。在这样一个品牌争先的时代,一个品牌的建立需要大量人力、物力的投入。但品牌一旦建立,即可以产生所谓的品牌效应,品牌本身就可以用来赚钱。加工商进行贴牌生产,要的就是品牌的声誉和消费者的认同。贴牌分为两种,一种是贴牌后自产自销,这叫借牌,需要交付贴牌费,一般只在区域市场销售;另一种就是产品生产出来后,交给原品牌所有者销售,也叫代工。前者风险大于后者,投入也大于后者,但贴牌资格比较容易取得,一般仅限于国内品牌,国际性大品牌很少采用此方式,创业者可酌情选择。

6. 内部创业

内部创业,是由企业内部有创业意向的员工发起,在企业的支持下承担企业内部某些业务内容或工作项目,并与企业分享成果的创业模式。这种创业模式不仅可以满足员工的创业欲望,同时也能激发企业内部活力,改善内部分配机制,是一种员工和企业双赢的管理制度。由于有企业的资金支持及通畅的产品或服务营销渠道,内部创业的风险较小,成功概率较大。

7. 兼职创业模式

(1) 网上创业

网上创业的形式主要有两种,一是在网上开店,如在淘宝网、易趣网上开家自己的小店,或者建立一个专门的电子商务网站;二是利用信息的不对等获利,如有人专门为供求双方有偿提供信息。

(2) 做代理商

做某个商品品牌的代理商,不需要占用正常工作时间,而且还可利用工作积累人脉,为代理的商品打开销路。

(3) 从事咨询业

这是最常见的一种兼职创业类型。通常是在职者利用自己丰富的从业经验或专业技术进行创业。

（4）委托投资

适合那些拥有一定资金，但个人缺少精力或时间的创业者。选择这种方式的创业者需要注意以下两个方面，一是要选好项目，这个项目应该满足市场需求、市场优势、市场差异和美誉度这四个方面的要求。二是选好合伙人，诚信的合伙人是保证合作成功的根本。

二、创业计划书的制作

（一）创业计划书概述

创业计划书，又称商业计划书，是创业者表达创业计划意图，以吸引投资者的创业资本为主要目的报告性文件。它通常用于向投资人介绍创业项目或者企业的发展计划，以期引起投资者的兴趣，达到吸引资金的目的。创业计划书的质量水平，往往直接决定创业发起人能否找到合作伙伴，获得创业资金及其他形式资源的支持。

对于创业者来说，创业计划书犹如旅行者的旅行图。因为创业者就像身处陌生环境的旅行者，眼前面对无数的未知因素，稍有不慎，就可能导致创业失败。一份好的创业计划书可以作为创业者的行动指南。它从企业的产品、营销、市场，以及企业内部的人员、制度、管理等各个方面对即将展开的商业项目进行可行性分析，帮助创业者分析创业的主要影响因素、优势与劣势、机会与成本，以便创业者保持清醒的头脑。

然而，很多创业者并不愿意花费时间撰写创业计划书，如果实在需要向投资者递交，他们更愿意找别人代写。调查显示，2002年美国大约30%的创业企业有商业计划书，而2003年中国只有8%左右的创业企业有创业计划书。而有创业计划书的创业企业成功率要比没有创业计划书企业的成功率高出很多。

事实上，如果创业者不需要筹集外部资金，也可以依靠座谈会、报告会等语言交流方式与其他创业合伙人共享创业思路，可以不需要撰写规范的书面创业计划。但是，创业作为一种理性的社会活动，不能仅凭一时的热情和冲动。一位风险投资家曾说"如果你想踏踏实实地做一份工作的话，写一份商业计划书能迫使你进行系统的思考。有些创意可能听起来很棒，但是当你把所有的细节和数据写下来的时候，自己就崩溃了"。因此，将创业计划按照规范和严格的要求撰写成创业计划书，不仅可以作为推广创业计划意图、吸引风险投资的有效工具，还可以帮助创业者理顺创业思路、制定目标与战略、发现机会与威胁、综合管理利用各类资源，并作为创业初期和日后经营管理企业的重要参考依据。

（二）创业计划书的内容框架

好的创业计划书有两个看似矛盾的关键要素，一是要有创意，二是要有可行性。创意好的创业计划能够引起风险投资者的投资兴趣，而"可行性"往往成为阻碍投资者选择创业项目的主要因素。

创业计划书的内容一般包括执行总结、产业背景和公司概述、市场调查和分析、公司战略、总体进度安排、关键的风险及问题和假定、管理团队、公司资金管理、财务预测、假定公司能够提供的利益十个方面。

1. 执行总结

执行总结是创业计划的简要概括，是创业计划书的第一部分，主要包括：①创业计划的创意背景和项目的简述；②创业机会的概述；③目标市场的描述和预测；④竞争优势和劣势分析；⑤经济状况和盈利能力预测；⑥团队概述；⑦预计能提供的利益。

2. 产业背景和公司概述

产业背景和公司概述主要包括：①详细的产业状况与趋势描述；②市场需求分析；③竞争对手分析；④公司概述，应包括详细的产品或服务描述，以及如何满足目标市场顾客的需求，进入策略和市场开发策略。

3. 市场调查和分析

市场调查和分析主要包括：①目标市场顾客的描述与分析；②市场容量和趋势的分析、预测；③竞争分析和各自的竞争优势；④估计的市场份额和销售额；⑤市场发展的走势。

4. 公司战略

公司战略主要阐释公司如何进行竞争，主要包括：①公司在发展各阶段的发展战略；②通过公司战略来实现预期的计划和目标；③制定公司的营销策略。

5. 总体进度安排

公司的进度安排，主要包括以下领域的重要事件：①收入来源；②收支平衡点和正现金流；③市场份额；④产品开发介绍；⑤主要合作伙伴；⑥融资方案。

6. 关键的风险及问题和假定

①关键的风险分析，包括财务、技术、市场、管理、竞争、资金撤出、政策等风险；②说明将如何应付或规避风险和问题（应急计划）。

7. 管理团队

介绍公司的管理团队。其中，要注意介绍各成员与管理公司有关的教育和工作背景（注意管理分工和互补）；介绍领导层成员、创业顾问及主要的投资人和持股情况。

8. 公司资金管理

公司资金管理主要包括：①股本结构与规模；②资金运营计划；③投资收益与风险分析。

9. 财务预测

①财务假设的立足点；②会计报表，包括收入报告、平衡报表等；③财务分析，包括现金流、本量利、比率分析等。

10. 假定公司能够提供的利益

这是创业计划的"卖点"，也是投资人最为关心的问题，主要包括：①总体的资金需求；②在这一轮融资中需要的是哪一级；③如何使用这些资金；④投资人可以得到的回报是多少，以及可能的投资人退出策略。

拓展阅读

周鸿祎：教您打造十页完美的创业计划书

第一页，用几句话清楚说明你发现目前市场中存在一个什么空白点，或者存在一个什么问题，以及这个问题有多严重，几句话就够了。例如，现在网游市场里盗号严重，你有一个产品能解决这个问题，只需要一句话说清楚就可以。

第二页，你有什么样的解决方案或者什么样的产品，能够解决这个问题。你的方案或者产品是什么，提供了怎样的功能。

第三页，你的产品将面对的用户群是哪些，一定要有一个用户群的划分。

第四页，说明你的竞争力。为什么这件事情你能做，而别人不能做？是你有更多的免费带宽，还是存储可以不要钱？这只是个比方。否则如果这件事谁都能干，为什么要投资给你？你有什么特别的核心竞争力？有什么与众不同的地方？所以，关键不在于所干事情的大小，而在于你能比别人干得好，与别人干得不一样。

第五页，再论证一下这个市场有多大，你认为这个市场的未来是什么样。

第六页，说明你将如何挣钱。如果真的不知道怎么挣钱，你可以不说，可以老老实实地说，我不知道这个怎么挣钱，但是中国一亿用户会用，如果有一亿人用我觉得肯定有它的价值。想不清楚如何挣钱没有关系，投资人比你有经验，告诉他你的产品多有价值就行。

第七页，用简单的几句话告诉投资人，这个市场里有没有其他人在干，具体情况是怎样。不要说"我这个想法前无古人后无来者"这样的话，投资人一听这话就要打个问号。有其他人在做同样的事不可怕，重要的是你能不能对这个产业和行业有一个基本了解和客观认识。要说实话、干实事，可以进行一些简单的优劣分析。

第八页，突出自己的亮点。只要有一方面比对方亮就行。刚出来的产品肯定有很多问题，说明你的优点在哪里。

第九页，进行财务分析，可以简单一些。不要预算未来三年挣多少钱，没人会信。说说未来一年或者六个月需要多少钱，用这些钱干什么？

第十页，如果别人还愿意听下去，介绍一下自己的团队，团队成员的优秀之处，以及自己做过什么。一个包含以上内容的计划书，就是一份非常好的创业计划书了。

（三）创业计划书的推销技巧

1. 寻找风险投资者

一般通过中间人介绍、根据一些资料介绍、参加有关会议、直接接触一些高层人士、利用互联网等方式。除了友情借贷、合伙投资、股权融资、租赁融资等形式之外，创业者还可以利用创业计划书从以下三个主要渠道获得创业资金。

（1）投资公司

不同的风险投资公司所投资的领域不同，投资额度不同，投资企业所处的发展阶段也不同。例如，上海赛伯乐中国投资集团的投资领域包括互联网、高新与IT、节能环保、健康美容、数字传媒、餐饮娱乐、房地产、新农业、服务业、政府招商、能源矿产，投资额度是200万～500万人民币，投资阶段包括早期、发展期、扩张期、成熟期；而湖南"天地基金"的投资领域包括高新与IT、生物医药、健康美容、数字传媒、餐饮娱乐、快速消费、加盟连锁、房地产、新农业、服务业、能源矿产、新材料、其他行业，投资额度是200万～500万人民币，投资阶段包括发展期、扩张期、成熟期。

（2）银行贷款

针对大学毕业生的"创业贷款""小额担保贷款"等。

（3）私募基金

私募基金的投资目标更具有针对性，一般不通过公开媒体进行广告宣传，往往通过私人关系选择投资项目。

2. 利用创业计划书面谈技巧

（1）首先做好面谈准备、要对商业计划书的内容了如指掌

①准备好相关文件，包括商业计划书摘要、商业计划书、技术鉴定书、获奖证书、相关证照、专利证书、相关合同协议等。

②做好心理准备，包括准备应对众多提问，准备应对投资者对公司及管理的查检，准备修改相关业务，准备做出妥协，准备接受投资者对公司业务及管理的介入。

③准备各种可能问到的问题。例如，你的管理队伍拥有什么类型的业务经验？你的公司和产品如何进入行业？目前的市场潮流是什么？在你所处的行业中，成功的关键因素是什么？

（2）充分展示自己的企业家素质

忠诚正直、强烈的获利欲望、精力充沛、天资过人、学识渊博、领导素质、创新能力、苦干精神等。

（3）谈判时要做到"六要""六不要"

①"六要"：要对公司的产品和服务充满热情和信心；要明确自己的底价，并在必要时坚决离开；要牢记自己与风险投资者之间要建立长期合作伙伴关系；要了解风险投资者（谈判对手）的个人情况；要了解风险投资公司以前资助的项目有哪些，了解目前投资项目的结构组合；要只对自己可以接受的交易进行谈判。

②"六不要"：不要回避问题；不要答案模糊；不要隐瞒重要问题；不要期望对方立即做出决定，一定要有耐心；不要把交易的价格定死，要有灵活性；不要带律师参加谈判，以免在细节上过多纠缠。

第二节 大学生创业实施阶段

据统计：5年之内，90%的创业者会破产；10年之内，剩下的10%的创业者中的90%也将会退出市场。也就是说，10年之后，只有不到1%的创业者会幸存下来。创业者之所以多遭破产厄运，最主要的原因在于他们缺少一支优秀的创业团队。

一、创业团队的组建

（一）创业团队建设基本原理

1. 创业团队概述

创业团队是由少数技能互补的创业者组成的、为了实现共同的创业目标而努力的利益共同体。优秀创业团队应当具备的基本要素包括共同目标、互相依赖、相互信任、归宿感、责任心。高效团队与低效团队的差异如表4-1所示。

表4-1 高效团队与低效团队的差异

高效团队的特征	低效团队的特征
共同设定目标，个人与组织目标相结合	设定目标，不考虑个人需求
双向沟通，充分表达	政令宣达，压抑自我
共同参与，着重每一个人的贡献	权威领导，注重短期目标达成
能力与信息决定影响力	职位决定一切

续表

高效团队的特征	低效团队的特征
寻求共识以做决策	寻求决策的共识
鼓励分歧与冲突,以强化决策品质	压抑冲突,要求和谐一致
重视问题根源的确定和有效解决	妥协或处理表象问题
强调组合功能与相互依赖性	强调个人功能英雄主义
自我评估,并以团体发展绩效为主	主管考核,以成果绩效评定为主
鼓励创新与自我实现	要求服从及内部稳定性

2. 创业团队建设的灵魂

相互信任是创业团队建设的核心。成员间相互信任是高效团队的显著特征,即每个成员对其他人的品行和能力都确信不疑。

李嘉诚认为,"商业合作必须有三大前提:一是双方必须有可以合作的利益,二是必须有可以合作的意愿,三是双方必须有共享共荣的打算。此三者缺一不可"。一个新的创业团队能够组成,首先来自团队成员的共同使命。而所有成员为这个目标进行的奋斗和努力就构成了一种氛围,继而成为一种精神。

3. 增强创业团队凝聚力的关键——激励机制

激励的实质是通过某些刺激,激发鼓励人的行为动机产生的力量,将外部适当的刺激(目标、诱因、反馈)转化为内部心理动力,产生内趋力。激励的具体形式和方法有:①工作激励;②物质激励;③关怀激励;④榜样激励;⑤约束激励;⑥薪酬激励。

(二)创业团队建设的方法要领

1. 明确创业团队组建的任务

创业团队组建的任务就是要找到那些最合适的合作伙伴,形成合力向着一个共同的目标奋斗。例如,中国互联网领域最牢固的创业团队之一的腾讯团队。自1998年腾讯公司(腾讯控股有限公司)创立以来,没有任何一个团队成员离开,甚至没有不和谐的声音。"五个人有四个是高中同学,大学又是在一起读书,相互间的信任和默契不是一般的创业团队能比的。"当年从大名鼎鼎的中兴(中兴通讯股份有限公司)"屈就"腾讯的奚丹,很大程度上看重的就是这个结合极为紧密的创始人团队。

2. 重视创业团队人的执行力建设

执行是实现既定目标的具体过程,而执行力就是完成执行的能力和手段,不仅知道要做什么、如何做,更要做到底、做得有结果。马云说,"有结果未必是成功,但是没有结果一定是失败。一个一流的创意,三流的执行,我宁可喜欢一个一流的执行,三流的创意"。

在创业团队执行力建设中,首先,要重视执行的刚度,执行者要明确要求成员做出什么行为,并对这种行为做出明明白白的刚性要求。其次,要重视执行的效度,强调明确的承诺与准确的履行。史玉柱曾说:"不一定开200迈的人是最先到达目的地,我可能就开个100迈,但是我中间停也不停,我也不加油、我也不休息,这种往往是最先到目的地。"

3.打造成功创业团队的五项修炼

(1)树立共同目标和价值观

共同目标能够为团队成员指引方向和提供动力,会使个体提高绩效水平,也使群体充满活力。对此,马云的体会是30%的人永远不可能相信你。不要让你的同事为你干活,而让我们的同事为我们的目标干活,共同努力,团结在一个共同的目标下面,就要比团结在你一个企业家底下容易得多。

(2)完善成员技能

一个团队需要三种不同技能类型的成员。第一,需要具有技术专长的成员。第二,需要具有解决问题和决策技能的成员,他们往往能够发现问题,提出解决问题的建议,并权衡这些建议,然后作出有效选择。第三,需要善于倾听、反馈、解决冲突及处理其他人际关系技能的成员。

(3)分配团队成员角色

团队领导人的重要职责之一,就是恰当分配团队成员的角色,并做好团队协调工作。在角色分派中,应当充分考虑团队成员的性格特征、技术专长、能力互补性等因素。李嘉诚说:"知人善任,大多数人都会有部分的长处,部分的短处,各尽所能,各得所需,以量才而用为原则。"

一般而言,创业团队需要以下八种主要角色(见表4-2)。

表4-2 创业团队需要的八种角色

角色	行动	特征
协调者	阐明目标和目的,帮助分配角色、责任和义务,为群体做总结	稳重、智力水平中等,信任别人,公正,自律,积极思考,自信
决策者	寻求群体进行讨论的模式,促使群体达成一致,并做出决策	有较高的成就,极易激动,敏感,不耐心,好交际,喜欢辩论,具有煽动性,精力旺盛
策划者	提出建议和新观点,为行动过程提出新的视角	个人主义,慎重,知识渊博,非正统,聪明
监督评估者	分析问题和复杂事件,评估其他人的贡献	冷静,聪明,言行谨慎,公平客观,理智,不易激动

续表

角色	行动	特征
支助者	为别人提供个人支持和帮助	喜欢社交,敏感,以团队为导向,不具决定作用
外联者	介绍外部信息,与外部人谈判	有求知欲,多才多艺,喜爱交际,直言不讳,具有创新精神
实施者	强调完成既定程序和目标的必要性,并且完成任务	力求完美,坚持不懈,勤劳,注意细节,充满希望
执行者	把谈话和观念变成实际行动	吃苦耐劳,实际,宽容,勤劳

(4)建立考评激励机制

台塑集团董事长王永庆在台湾是一个家喻户晓的传奇式人物,他把台塑集团推进了世界化工工业的前50名。多年的经营管理实践令王永庆创造出一套科学管理之道,有效地增强了自己科学管理的执行力。最为精辟的是"压力管理"和"奖励管理"两套方法。

"压力管理",就是人为地造成企业整体有压迫感和让台塑集团的所有从业人员有压迫感。台塑集团在1968年就成立了专业管理机构,就像一个金刚石般的分子结构,只要自顶端施加一种压力,自上而下的各个层次便都会产生压迫感。

"奖励管理",就是在对员工施加压力的同时,对员工的奖励也极为慷慨。台塑集团的激励方式有两类:一类是物质的,一类是精神的。台塑集团的金钱奖励以年终奖金与改善奖金最有名,此外还设有成果奖金。员工们知道自己的努力都会有奖励的,这就极大地激发了他们工作的积极性。

(5)培养相互信任精神

曾供职于微软的Google全球副总裁兼大中华区总裁李开复表示:"我相信Google的员工会比较快乐",因为Google的文化是信任、放权,由下而上的管理,产品决策权在工程师手中。而当一位工程师可从头到尾主导一项产品,均会视产品为自己的"baby",会比较有"主人翁"感。

拓展阅读

如何防止创业团队分裂

创业团队的分裂始终是大家关注却又在遗憾当中无可奈何的事,似乎也只能慨叹一句"共苦易,同甘难"的千古名言而已。然而在大家对着数不胜数的案例出神时,却很少有人将这一规律式的宿命加以归纳,总结出共性,并在进一步分析之后拿出药方。下面我们给出了防止创业团队散伙的九个法宝,供广大创业者参考。

第一，理念要正确。要坚信团队能够健康发展下去，不要一开始就想着失败，尤其不要用"只能共苦，不能共甘"、天下没有不散的宴席、过河拆桥等来支配自己的思想，脑子里根本不应有这种想法，有这种想法本身就为失败的结局埋下了种子。就像刚开始学习骑自行车一样，发现前面马路中间有一障碍，于是你越不想碰上石头，偏偏最后还是碰上了，因为你的精力集中于失败了，你必然失败。

第二，要持续不断地沟通。开始要沟通，遇到问题也要沟通，解决问题时也要沟通，有矛盾时更要沟通，多想有利于团队发展的事情。有不同的看法，不要在公开场合辩论，不要把矛盾展示给下属。

第三，发现小人钻空子，坚决开除。领导之间的矛盾不要让下属来评论、来解决。如果双方沟通有困难时，就主动寻找外部力量，如双方都信得过的好朋友来解决，但不要露出太明显的痕迹。如果发现组织中的小人利用领导之间的矛盾或分歧来达到他个人的目的或损害团队利益，那就要毫不犹豫地将其坚决开除，不论他是什么人。

第四，学会换位思考。多从对方的角度考虑问题，多为对方着想，多些宽容，少些指责。

第五，丑话说在前面。最初创业时就把该说的话说到，该立的字据一定要立到。把最基本的责、权、利说个明白透彻，即谁该做什么事，在什么时间完成，完成到什么程度。如果真正创业的话，股权、利益分配更要说清楚，包括增资、扩股、融资、撤资、人事安排、解散等。

第六，及时协调立字据。任何事情都不可能在最初计划周全，事情是随时都有可能变化的，在合作过程中遇到新问题、新矛盾一定要先说清楚、立下字据再行动，千万不要先干再说。先干再说，看似快了，其实是埋下了祸患的种子，将来就不是速度快慢的问题，而是团队颠覆了。

第七，不要太计较小事。难得糊涂对创业合作的各方都是保养自己心灵的鸡汤和团队运转的润滑剂，这与前面讲的"丑话在前"和"及时立据"看似矛盾，其实并不矛盾，前者讲的是在没有形成事实的情况下的做法，后者是说事实已经形成了就不要太计较了，计较了也于事无补。其实，事后经常会发现双方的计较毫无实际意义。

第八，不要轻易地考验对方。创业团队合作起来不是一件容易的事情，不考验还会出事，更何况有意考验对方。如果对方知道你在考验他，那你也肯定考验不出来，因为他在心理上和行为上都进行了设防。这不但是瞎子点灯白费蜡，而且还会伤了和气，心理上也会出现裂痕。所以既然是合作，就不要动辄考验对方，考验是基于不信任为前提的。

第九，一直向前看。在创业合作过程中遇到问题、矛盾应向前看，向前看利益是一致的，因为成功会给大家带来更丰厚的收获；盯住眼前的事情不放，只能是越盯矛盾越多，越盯矛盾越复杂，最后裹足不前；回头看，回忆起合作中的不愉快，会使你伤心，丧失前进的斗志和动力。只有向前看，成功的希望才能激励着合作的各方摒弃前嫌，勇往直前，抵达成功的彼岸。

二、创业资金筹集

（一）创业资金预测

创业者在开始融资前，必须对自己的创业项目进行一次投资预测，并根据这个初步的计划估算出整个项目启动时需要投入的资金数，然后根据这个数字，再加上一定比例的不确定因素，最后得出一个准确的数字，进入创业融资阶段。

1. 创业成本和资金用途清单

从新企业的融资来看，首先要编制一份使企业运转起来的资金清单，估算出创业成本。这样做，一方面可以测定企业开始创建时需要的资金总量，另一方面能够决定获得资金后将如何运用。

2. 预编财务报表

预编财务报表是在创业者收集了有关市场、消费者、竞争对手、产品研发、运营及企业其他方面情况的基础上，对新企业的财务进行预测（一般至少是三年），计算出新企业的资本需求。预编损益表可以分析新企业的盈亏状况，预编资产负债表可以分析企业的财务结构，使投资者和企业进行比率分析。

预编财务报表最为关键的两个因素：①在损益表列示的盈亏状况极大地依赖于创业者对市场的估计，即对市场份额和销售量的估计，准确的市场估计对预计企业损益及财务结构是非常重要的。②对成本的估计，一方面要克服低成本估计，同时要注意成本是伴随着销售量的增长而上升的。另一方面，还应该将财务报表与同行业企业进行对比，分析是否切合实际。

财务预测最好是在三种（最可能的、最悲观和最乐观的）不同情况下预计三年的销售成本和损益。

3. 盈亏平衡分析

盈亏平衡分析是为了计算支付成本所需的销售数量，同时也可以计算出增加企业固定成本需要增加的销售数量。

盈亏平衡计算的方法如下。

①制定单位产品和服务的价格；②估算单位产品和服务的变动成本；③销售价格减去每单位的变动成本来计算每单位的边际贡献；④用单位销售价格除边际

贡献估算边际贡献率；⑤估算企业的固定成本；⑥用边际贡献率除固定成本来计算盈亏平衡销售量。

【案例】

某企业拟定某产品单价为10元，已知单位产品的变动成本为3元，企业的固定成本为50万元。那么，该产品的销售量为多少时，企业才能盈利？

边际贡献=销售单价-变动单位成本=10-3=7元；

边际贡献率=边际贡献/单位销售价格=7/10=0.7；

盈亏平衡销售量=固定成本/边际贡献率=500000/0.7=714285.71。

表明该产品销售量超过714286时企业是盈利的，低于714286时企业则是亏损的。

（二）适合创业企业的融资方式

1. 商业银行信贷

商业银行贷款是指各家商业银行为企业提供的贷款。贷款利率根据市场情况确定，期限由企业和银行共同确定。银行贷款是成本最低的融资方式之一。

2. 商业信用

商业信用是指商品交易中以延期付款或预收货款方式进行赊销活动而形成的借贷关系，是企业之间的直接信用行为。其主要形式有先取货后付款、先收款后交货，是企业筹集短期资金广泛使用的方式。

3. 融资租赁

融资租赁是指实质上转移与资产所有权有关的全部或绝大部分风险和报酬的租赁，通常是一种长期租赁。其特点主要是：一般由承租人向出租人提出正式的申请；租赁期较长；租赁合同比较稳定；租约期满后，可以有两种选择，一是将设备作价转让给承租人，二是由出租人收回，延长租期续租，在租赁期一般不提供维修和报样方面的服务；租金较高，西方的租赁发展经验表明，融资租赁的租金总额一般要高出其设备价款的30%~40%。

4. 典当

典当具有两个基本功能，即融资服务和商品销售服务，现以向中小企业的融资为主要功能。典当的优点是：便捷性，能够迅速及时解决当户的资金需求；经营产品灵活机动；期限短周期快；由于是实物抵押，不涉及信用。其缺点是：费用较高，除贷款月利率外，典当贷款还需要交纳较高的综合费用，包括保管费、保险费、典当交易的成本支出等。

5. 政府支持的创业小额担保贷款

小额担保贷款是指通过政府出资设立担保基金，委托担保机构提供贷款担保，由经办商业银行发放，以解决符合一定条件的待就业人员从事个体经营自筹资金不足的一项贷款业务。

国家规定个人申请额度最高不超过5万元，但各地区对申请小额担保贷款额度有不同规定，如西安市针对大学生的小额担保贷款额度为不超过8万元。小额担保贷款的期限一般不超过两年。对经营周期较长的项目，可将贷款期限延长至三年，到期一次性还本付息。从事微利项目的小额担保贷款由中央财政据实全额贴息，展期不贴息。

（三）如何获取创业投资

1. 创业投资的目的、期限和方式

创业投资虽然是一种股权投资，但投资的目的并不是获得企业的所有权，不是为了控股，更不是为了经营企业，而是通过投资和提供增值服务把投资企业做大，然后通过公开上市、兼并收购或其他方式退出，在产权流动中实现投资回报。

创业投资的期限一般较长。其中，创业期风险投资通常在7~10年内进入成熟期，而后续投资大多只有几年的期限。

创业投资的方式主要有三种：一是直接投资；二是提供贷款或贷款担保；三是提供一部分贷款或担保金，同时投入一部分资金购买被投资企业的股权。不管是哪种投资方式，投资人一般都附带提供增值服务。

2. 创业投资的对象

创业投资对象主要有两类，一是以生产高技术为主的企业，二是以应用创新成果为主的企业。这两类企业有着紧密的关系，彼此相互依存，密不可分。

3. 如何吸引创业投资

（1）加大技术创新投入，确保技术或经营的新颖独特，有广阔的市场前景。

（2）市场容量足够大，市场容量是收回投资成本的保证。

（3）培育以创新和诚信为核心的创业团队。如果创业者在人力资源方面关注雇佣关键人才，录用互补型人才，录用专业经理人，投资人会认为你具有管理才能和团队精神。

（4）高质量的商业计划书。商业计划书的重要性在于：首先，它能够使投资者快速了解项目的概要，评估项目的投资价值，并作为尽职调查与谈判的基础性文件；其次，它作为企业创业的蓝图和行动指南是企业发展的里程碑。

（5）与投资顾问交流，投资顾问会提高融资的成功率。

（6）建立友好关系，形成吸引投资者的良性循环。吸引创业投资，不仅是资金，还有投资后的增值服务。

第五章 "互联网+"大学生创新创业赛事研究

第一节 创新创业赛事的组织与实施

一、大赛的管理机构

"互联网+"大学生创新创业大赛是属于大学创新创业教育体系中非常重要的一部分，因此，本文先对H大学的创新创业教育管理体系进行概述，并在此基础上分析大赛的管理机构大赛组委会。

（一）大学创新创业教育管理体系

H大学是由国家举办，由教育部主管，由教育部与上海市人民政府共建的综合性研究型全国重点大学。H大学按照国家相关政策文件的精神指示，从建立并完善本科生创新创业训练体系、打造学校学院二级管理机制、增进校内多个部门共同联动工作、搭建创新创业成果校内校外交流和展示平台、完善创新创业经费支持系统和优化创新创业制度保障等方面多维度、全方位地推进高校创新创业教育改革实践。

H大学的创新创业教育管理体系可以分为纵向体系和横向体系两个部分（见图5-1）：

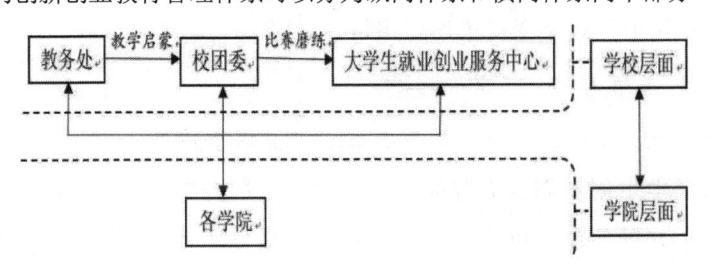

图5-1 H大学的创新创业教育管理体系

如图5-1所示，H大学开展创新创业教育的纵向管理体系，分为学校和学院两级。其中，在学校层面，主要由教务处、校团委以及大学生就业创业服务中心三个部门构建了横向管理机制。教务处的任务主要体现在创新创业教育的最初阶段，即教务处通过合理规划与安排相应的课程，来实现对大学生创新创业意识的教育启蒙。同时，教务处作为创新创业相关实验实训项目的负责主体，需要发布包括校级、市级、国家级比赛等许许多多的相关报名信息，主要承担着对学生在创新创业理论研究以及创新创业概念研究上的指导责任。随后，这些实验实训项目会通过参加比赛进行磨炼，项目比赛的组织与举办主要由校团委负责。在大多数高校里，所有创新创业相关的竞赛都是由校团委负责的，例如"挑战杯"、创业计划大赛、"创青春"以及"互联网+"大学生创新创业大赛，然而大学的"互联网+"大学生创新创业大赛，除了第一届是由校团委主办的，第二届以及第三届大赛都是由大学生就业与创业服务中心负责主办的。学生的创新创业项目在经过各种大赛的磨炼以后，会产生一些理论基础扎实、实践操作可行的获奖项目，其通过申请国家、上海市以及学校的三级资助基金，进行项目的落地转化以及进一步发展扩大。综上，H大学对学生创新创业项目培养的设想是根据学校整体安排，要求所有由教务处负责培养的实验实训项目全部参加相应的"挑战杯""创青春"等类型的比赛，然后通过比赛磨炼之后进一步参加"互联网+"大学生创新创业大赛。这个培养设想是符合一个大学生创新创业项目发展过程的，即先有创新创业意识的萌生，然后对创新创业意识进行基础实践，最后对创新创业项目进行具体运营。

在学院层面，教师在职称晋升中应考虑其在创新创业项目指导等方面的工作量，以此激励各个学院的教师和管理人员投身于本科生以及研究生的科创工作中。另外，学院要注重在创新创业工作中，对典型成功的案例进行科学公正的遴选评优，例如，每年举办创新创业教育成果表彰大会，以此来激励指导教师与大学生参与到创新创业大赛中，同时还起到宣传创新创业大赛的作用。

总而言之，大学的创新创业教育管理体系需要学校制定科学合理的激励制度，促进各学院师生迸发出创新创业的活力和热情；需要教务处、校团委、大学生就业与创业指导中心等部门在工作中相互配合与协作，从而使大学生的创新创业项目经过环环相扣地锤炼，变得更加切实可行。

（二）大赛组委会

由上述可知，H大学的创新创业教育实行纵横交错的管理体系，因此，其在"互联网+"大学生创新创业大赛的管理上也采用同样的方法：即在学校层面设立大赛组委会，并以学院为单位收集大赛参赛项目并上报学校。本文着重对学校层面的大赛管理机构进行分析。

H大学在2017年的三月开始组织校内参赛项目的预审工作，早于国家发布大赛通知的时间，整个赛程从三月比赛筹备到十月底比赛结束，历经了将近半年的时间。H大学在学校层面出台了一份有关本届"互联网+"大学生创新创业大赛的文件，但是对大赛的具体实施方案并没有作出明确的规定。大赛组委会是大赛的主要管理机构，大学第三届大赛的大赛组委会如图5-2所示：

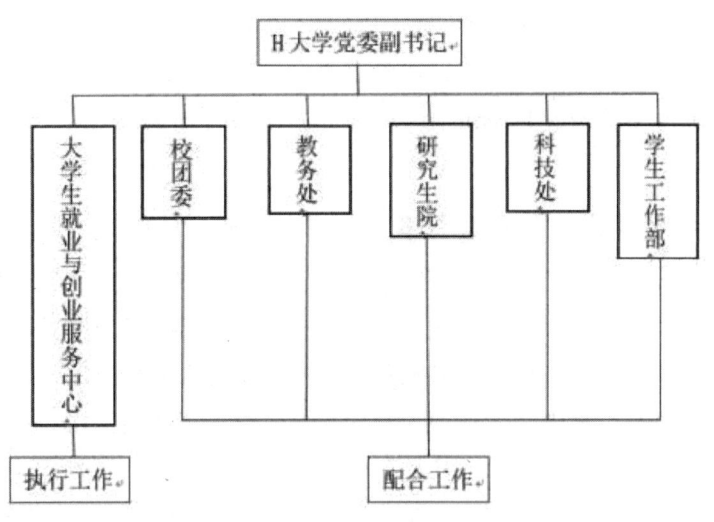

图5-2 H大学第三届"互联网+"大学生创新创业大赛的组委会

由上图可知，H大学第三届"互联网+"创新创业大赛的组委会是由负责学生工作的学校党委副书记担任领导，由H大学大学生就业与创业服务中心、校团委、教务处、研究生院、科技处、学生工作部等相关职能部门的负责人作为成员，负责大赛的举办工作。同时，大赛组委会邀请来自各行业企业、各创投风投机构、各高校和科研院所的专家作为大赛评审，共同指导H大学学生的创新创业活动。

H大学的大学生就业与创业服务中心负责具体执行操作第三届"互联网+"大学生创新创业大赛，其他部门只是配合工作，每个部门在大赛中的具体工作并未明确说明。其实，对于"互联网+"大学生创新创业大赛等的任何一次市级及以上的比赛，基本上都是需要集合全校的力量去做的，学校相关的部门都会参加，只不过在不同的比赛里每个部门所扮演的角色不一样。因此，H大学举办"互联网+"大学生创新创业大赛，实际上是对学校资源进行整合的过程。虽然，H大学试图在大学生创新创业项目培养规划设计上将教务处、校团委、大学生就业与创业服务中心三个部门的培养渠道疏通，即让所有创新创业项目都是经过创新创业意识的培养、"挑战杯"和"创青春"等比赛磨炼后再参加"互联网+"大学生创新创业大赛的实操，但实际上，教务处、校团委以及大学生就业与创业服务中心这三个部门在项目培养上的承接性是缺乏的。例如，在第三届大赛的所有参赛项目中，没有一个项目是从教务处负责的大学生创新创业训练计划中发展而来的，只有少数项目参加过"挑战杯"等比赛的磨炼。造成这种情况的原因是大学创新创业教育的脱节导致参与每个不同创新创业教育阶段的学生参赛的初衷不一样,所以,在每个阶段大学都需要重新对报名项目进行筛选和润色。

二、参赛团队分析

参赛团队是保证"互联网+"大学生创新创业大赛得以顺利运行的非常重要的一部分,本文将从大赛参赛团队获取参赛报名信息的方式、大赛参赛团队的人员构成情况以及大赛参赛团队商业计划书的撰写等三方面来进行H大学的大赛参赛团队分析。

(一) 参赛团队获取参赛报名信息的方式

H大学的大赛参赛团队获取参赛报名信息的方式可以反映出大赛宣传的渠道及其效果。H大学宣传大赛所采用的主要渠道包括在学校显眼位置悬挂横幅等基础手段,以及通过学校官方微信企业号推送、学校网站发布通知等比较传统的方式进行宣传。除此之外,笔者通过访谈大赛相关负责老师了解到,在大学第三届大赛的参赛团队中,除了通过上述宣传途径吸引来的之外,另外一部分的参赛团队是以往参加过同类型的比赛,大赛负责老师通过个别联系而使其报名参赛的。然而,H大学从教务处对创新创业项目的培育到校团委对创新创业项目的磨炼,再到大学生就业与创业服务中心对创新创业项目的实战,这其中每个环节之间的衔接工作做得不尽如人意,导致每次举办创新创业大赛时,所负责的部门都需要相对独立地重新做一次项目的筛选,使得工作效率下降。由于,上海市每所高校能够进入大赛省市复赛的名额数是基于三部分计算:第一部分是高校前两年在大赛中进入国赛的名额数;第二个部分是高校今年总报名项目数的百分比;第三部分是"挑战杯"获得金奖的名额数。如果,每个创新创业赛事负责部门之间的工作能够衔接得当,那么,在一定程度上就可以增加大学进入大赛省市复赛的参赛项目数,从而增加获奖概率。

笔者在对16名参赛学生的访谈中总结了以下几种其获得参赛报名信息的主要途径(见表5-1):

表5-1 参赛学生获得参赛报名信息的主要途径

途径	人数(位)	百分比
学校微信公众号	9	56.25%
老师告知	8	50%
学校网站	5	31.25%
同学或朋友告知	1	6.25%

由上表可以看出，参赛学生获得参赛报名信息的最主要途径是学校微信公众号，其次是大赛负责老师的告知，并且，对于部分参赛学生来说，获得参赛报名信息的途径不止一条。总的来说，参赛学生获得参赛报名信息的途径与大学大赛的现有宣传途径大致吻合。

（二）参赛团队的人员构成分析

大赛将所有的参赛团队依照其报名参赛的项目类型分为创意组、初创组、成长组以及就业型创业组，在每个组的评审规则中都包含四个维度，即创新性、商业性、带动就业情况以及项目团队情况，四个维度在对不同的组别评分中，所占的比例有略微不同。可以看出，撇开其他三个对参赛项目本身质量的考察指标之外，参赛项目团队情况是一项非常重要的指标。而对参赛团队的考察中，主要可以将其分为创业团队内部结构和创业团队外部关系，本文主要就创业团队的内部结构方面对16名参赛者进行访谈。

在这16名参赛者中，其所在团队成员总人数为75人，每个团队从3人到9人不等，平均每个团队4个人。在性别结构方面，每个项目团队至少有1名男性，女性在16名参赛者各自所在的项目团队人数中所占的百分比最低为0%，最高为66.7%。在学历结构方面，16个团队中，本科生总共有19人，其中三年级6人、四年级7人、已毕业6人；硕士研究生总共有52人，二年级31人、三年级15人、已毕业6人；博士研究生总共有4人，其中一年级1人、二年级1人、已毕业2人。在这16个团队中，其项目成员全部为本科生的团队有3个，全部为硕士研究生的9个，项目成员由本科生和硕士研究生组成的团队有1个，由硕士研究生和博士研究生组成的团队有2个，由本科生、硕士研究生和博士研究生组成的团队有1个。在专业结构方面，本文所调查的16个团队中，项目成员的专业完全一致8个。在团队成员分工结构方面，基本上所有团队中的成员都有各自的分工，且分工方式大致分为三类：第一类是从参与比赛的角度分，例如项目计划书的撰写、项目路演幻灯片的制作等；第二类是从实际运营的角度分，例如总经理、财务总监、运营总监等；第三类是将第一类和第二类融合在一起分，例如团队中既有负责参赛准备的成员，也有负责实际运营项目的成员。其中，在被访谈的16位参赛者中，其所在团队成员分工结构按第一类方式分的有6组；按第二类分的有4组；按第三类方式分的有6组。

（三）参赛团队的商业计划书撰写情况分析

在大赛的各级比赛中，商业计划书是影响参赛团队比赛结果的很重要的一部分。在上文分析中提到的被访谈调查的16名参赛学生，其所在团队的成员分工结构大致分为三类，其中在按第二类和第三类分工方式的10个参赛团队中，至少有一位团队成员负责其团队创业项目的商业计划书撰写。但是，需要强调的是，商业计划书并不是依靠团队中的某几个人的力量就能够完成的，它是需要整个团队一起协作完成的。

笔者在调查中发现，很多参赛学生在撰写商业计划书时，都是通过网上搜索模板，直接按照模板来写。其实，在撰写商业计划书时并不需要面面俱到，而应该有轻重之分。大赛的评审专家在评判的时候着重看商业计划书中的创业项目执行部分，该部分主要包括了市场细分、经营策略、财务分析等，然而，H大学的参赛团队的商业计划书恰恰普遍在这一块内容上非常薄弱。

在之前两届的大赛中，H大学的相关负责部门认为大赛路演比商业计划书更重要，其实不然。大赛的评审专家在校赛，乃至省赛、国赛的第一轮比赛中是以参赛团队商业计划书的质量作为主要评判依据的，如果商业计划书不合格，参赛团队的项目是无法进入接下来的比赛环节的。并且，参赛团队无论是在比赛中还是比赛结束后的项目落实都是基于其的商业计划书进行的。因此，总得来说，商业计划书是参赛团队在参加大赛时最应该重视、最重要的部分。

笔者在访谈中了解到，H大学专门请了培训公司，对进入市级复赛的5个参赛项目，进行了为期三天的商业计划书撰写集训。为探究集训效果，笔者对16名参赛学生进行访谈，发现在10名获校级比赛奖项的学生中，有8名认为自己所在团队的商业计划书撰写得比较好，还有2名学生认为自己所在团队的商业计划书撰写得非常好，这两名学生所参与的参赛项目恰恰是进入市级复赛是5个项目之二。而没获奖的6名参赛学生均认为其团队撰写的商业计划书一般，从中可以说明，H大学对学生展开商业计划书撰写培训的效果还是比较显著的，另外获奖学生对其团队的商业计划书质量的自我评价比未获奖学生的高。

在"互联网+"大学生创新创业大赛中，有些参赛团队的项目创意确实比较好，但是所取得的结果也不尽如人意。造成这种结果的很大一部分原因是其在撰写商业计划书时，对其项目核心技术的应用场景表述不清。因为参赛团队对社会大环境及其项目所处行业的研究非常欠缺，所以其参赛项目的核心技术在应用场景上不能被很好地解释。很多参赛团队在撰写其项目商业计划书时，都认为已经开展了大量的市场调研，但实际上这些调研所获得的样本远远不够，或者说不具有代表性。比如，某学生需要对人群的消费习惯进行调查，出于高人流量的考虑，其选择在徐家汇、新天地、南京路、淮海路等高端商业区，其实，这已经将研究对象圈定为消费层次较高的人群了，而不能代表全人群。另外，很多参赛学生由于不了解其所要进行创新创业的行业，其通常会认为自己的项目创意很新颖，然而，其实早已有人在该行业内开展类似项目了。因此，本文建议参赛学生在平时应该仔细观察、多积累一些现实的问题，这样才能发现好的创新创业点子，为撰写出优秀的商业计划书奠定基础。

第二节 创新创业赛事的收尾

一、大赛的参赛项目概况及所取得的成绩

本届H大学"互联网+"大学生创新创业大赛共吸引了全校94个项目团队报名参赛，根据参赛项目所处的创业阶段、参赛项目已获得投资的情况以及参赛项目的特点等，大赛共分为创意组、初创组、成长组以及就业型创业组四个组别。其中，在大学的参赛项目中，创意组共有72个项目、初创组共有15个项目、成长组共有2个项目、就业型创业组共有5个项目。

第三届大赛的参赛项目共分成七个类型的行业领域："互联网+"现代农业、"互联网+"信息技术服务、"互联网+"制造业、"互联网+"文化创意服务、"互联网+"公共服务、"互联网+"商务服务、"互联网+"公益创业。在上述七个行业领域中，"互联网+"文化创意服务是本届大赛中新增加的类型，体现了国家及大赛组委会对文化产业的重视。H大学在第三届大赛中的94个报名参赛项目，其所属行业类型如表5-2所示：

表5-2 H大学参赛项目所属类型表（单位：项）

	创意组	初创组	成长组	就业型创业组	总计
"互联网+"商务服务	21	3	0	2	26
"互联网+"公共服务	17	7	1	1	26
"互联网+"信息技术服务	23	0	1	1	25
"互联网+"文化创意服务	7	2	0	1	10
"互联网+"制造业	2	2	0	0	4
"互联网+"公益创业	2	0	0	0	2
"互联网+"现代农业	0	1	0	0	1
总计	72	15	2	5	94

由上表可知，H大学在第三届大赛中的参赛项目类型主要集中在"互联网+"商务服务、"互联网+"公共服务以及"互联网+"信息技术服务，分别占总项目数的27.66%、27.66%、26.60%。其中，在创意组的72个项目中，"互联网+"信息技术服务类型的项目数最多，共有23项，占整个创意组项目的31.94%；在初创组的15个项目中，"互联网+"公共服务类型的项目数最多，共有7项，占整个创意组项目的46.67%；在成长组的2个项目中，"互联网+"公共服务类型和"互联网+"信息技术服务类型各占1项；在就业型创业组的5个项目中，"互联网+"商务服务

类型的项目数最多，共有2项，占整个就业型创业组项目的40%。

在H大学的这94个项目中，经过校赛专家的评审，共产生1个校赛特等奖，2个校赛一等奖，3个校赛二等奖，19个校赛三等奖，30个校赛优胜奖，其余项目授以参与奖以资鼓励。经过校赛的角逐，H大学最后选送了5个项目（见表5-3）参加市赛复赛，这5个项目在所有市赛参赛的项目中脱颖而出，最终获得1个市赛一等奖、2个市赛二等奖、2个市赛三等奖，并且H大学获得市赛一等奖的项目晋级国赛，最终获得国赛银奖。这是H大学在"互联网+"大学生创新创业大赛中所取得的历史最好成绩。

表5-3　H大学"互联网+"大学生创新创业大赛进入市复赛的项目情况表

项目名称	组别			
		类型	校赛名次	省（市）赛名次
云佛艺术，向"一带一路"国家贡献中国宗教智慧	创意组			
有课互联	初创组	"互联网+"公益创业	特等奖	一等奖
傲梦青少儿编程教育	成长组	"互联网+"公共服务	一等奖	二等奖
假面小萌-虚拟形象短视频	初创组	"互联网+"公共服务	一等奖	二等奖
提供专业的糖尿病一站式服务	创意组	"互联网+"文化创意	二等奖	三等奖

从上表可知，进入市赛的5个项目中，有2个是创意组、2个初创组、1个成长组，其中有3个项目属于"互联网+"公共服务。其中，获得校赛特等奖的参赛项目是来自美术学院，其团队成员具有较高的艺术素养，在创新力、创造力方面较为突出，由此可见，艺术教育对大学生创新创业的重要性。因此，我国要大力推进艺术教育，并且，艺术教育并不是一蹴而就的，而是需要从中学、小学，甚至幼儿园时期就应该开始的。

H大学对获奖项目除颁发校级获奖证书外，还给予了相应的物质奖励作为其创业启动资金，其中校特等奖给予两万元人民币的奖励，校级一等奖给予一万元人民币的奖励，校级二等奖给予五千元人民币的奖励，校级三等奖给予两千元人民币的奖励、校级优胜奖给予三百元人民币的奖励。其中，H大学对获得校赛特等奖的项目除了给予比赛奖金外，还下发了20万元人民币作为其创业支持经费，除此之外，H大学还在最大限度上帮助本校创业项目与社会资源进行对接，例如，H大学将优先为大赛获奖项目提供落户孵化基地及免费使用办公场地等服务。

二、大赛对参赛学生激励情况的因子分析

本文共回收参赛学生问卷116份，其中获奖的学生有44位，未获奖的学生有72位。本文以参加H大学第三届"互联网+"大学生创新创业大赛的学生是否获奖为因变量，分别将激励效价和激励期望值的奖励导向维度、发展导向维度、组织

导向维度、团队导向维度和支持导向维度作为自变量，进行 Logistic 回归分析，由于量表中变量过多，本文分别对五个维度内的变量进行降维处理。

首先，本文分别对参赛学生激励效价量表的奖励导向维度、发展导向维度、组织导向维度、团队导向维度和支持导向维度以及激励期望值量表的奖励导向维度、发展导向维度、组织导向维度、团队导向维度和支持导向维度进行公因子提取；其次，通过公因子成分得分系数矩阵可以算出每一个维度所提取出来的公因子得分；最后，根据权重计算出参赛学生激励效价量表以及激励期望值量表中的奖励导向维度、发展导向维度、组织导向维度、团队导向维度和支持导向维度的总指标得分，以进行回归分析。

（一）参赛学生奖励导向维度的因子分析

1. 参赛学生激励效价的奖励导向维度因子分析

参赛学生的激励效价在奖励导向维度中共有9个题项，首先对该维度是否适合做因子分析进行判断。从 KMO 和巴特利特球形检验中（见表5-4）可以看出，KMO 值为 0.707，且显著性为 0.000，因此，激励效价在奖励导向维度上适合做因子分析。

表5-4　参赛学生激励效价的奖励导向维度的 KMO 和巴特利特球形检验

KMO取样适切性量数	0.707
巴特利特球形度检验 近似卡方	516.210
自由度	36
显著性	0.000

其中，该维度提取了三个公因子，第一个公因子包含4个变量，第二个公因子包含3个变量，第三个公因子包含2个变量。由于变量分布较为分散，难以根据其内容进行统一命名，因此分别编号为公因子K1、公因子K2、公因子K3。这三个公因子解释方差的百分比是 74.306%（见表5-5），因此，参赛学生激励效价的奖励导向维度适合进行因子分析。

表5-5　参赛学生激励效价的奖励导向维度公因子解释的总方差

成分	旋转载荷平方和		
	总计	方差百分比	累积%
1	2.618	29.093	29.093
2	2.590	28.783	57.875
3	1.479	16.430	74.306

参照成分得分系数矩阵（见表5-6），分别计算三个公因子得分。

表5-6 参赛学生激励效价的奖励导向维度成分得分系数矩阵

	成分		
	1	2	3
1a.参赛可以使我获得创业项目的研究和实践经费	0.220	0.157	−0.111
2a.参赛可以使我获得创业比赛的奖金	−0.002	0.356	−0.138
3a.参赛可以使我获得相应的创业项目支持基金	−0.027	0.304	0.056
4a.参赛可以使我的创业项目入驻相应的创业园	−0.113	0.019	0.574
5a.参赛可以使我的创业项目获得更多的社会融资	−0.229	0.426	0.063
6a.参赛可以使我获得相应的学分	0.383	−0.130	−0.040
7a.参赛可以使我在各类评奖评优中有优势	0.389	−0.148	0.013
8a.参赛可以使我在今后的求职中更具优势	−0.040	−0.090	0.624
9a.与比赛相关的表彰大会可以让我感到自身价值被尊重与认可	0.285	−0.009	−0.066

其中：

K1=0.220*1a−0.002*2a−0.027*3a−0.113*4a−0.229*5a+0.383*6a+0.389*7a−0.040*8a+0.285*9a；

K2=0.157*1a+0.356*2a+0.304*3a+0.019*4a+0.426*5a−0.130*6a−0.148*7a−0.090*8a−0.009*9a；

K3=−0.111*1a−0.138*2a+0.056*3a+0.574*4a+0.063*5a−0.040*6a+0.013*7a+0.624*8a−0.066*9a；

其中：K1=0.220*1a−0.002*2a−0.027*3a−0.113*4a−0.229*5a+0.383*6a+0.389*7a−0.040*8a+0.285*9a；

此时，本文已将9个指标简化为三个指标，接着，通过对这三个指标进行加权平均，得到参赛学生激励效价的奖励导向维度总指标K。计算得K1的权重为0.39，K2的权重为0.39，K3的权重为0.22，由此可得参赛学生激励效价的奖励导向维度总指标K=0.39*K1+0.39*K2+0.22*K3。

2.参赛学生激励期望值的奖励导向维度因子分析

参赛学生激励期望值的奖励导向维度中共有9个题项，首先对该维度是否适合做因子分析进行判断。从KMO和巴特利特球形检验中（见表5-7）可以看出，KMO值为0.766，且显著性为0.000，因此，激励期望值在奖励导向维度上适合做因子分析。

表5-7 参赛学生激励期望值的奖励导向维度的KMO和巴特利特球形检验

KMO取样适切性量数	0.766
巴特利特球形度检验 近似卡方	682.132
自由度	36

显著性	0.000

其中，该维度提取了三个公因子，第一个公因子包含4个变量，第二个公因子包含3个变量，第三个公因子包含2个变量。由于变量分布较为分散，难以根据其内容进行统一命名，因此分别编号为公因子L1、公因子L2、公因子L3。这三个公因子解释方差的百分比是77.569%（见表5-8），因此，参赛学生激励期望值的奖励导向维度适合进行因子分析。

表5-8 参赛学生激励期望值的奖励导向维度公因子解释的总方差

成分	旋转载荷平方和		
	总计	方差百分比	累积%
1	2.719	30.212	30.212
2	2.213	24.584	54.796
3	2.050	22.773	77.569

参照成分得分系数矩阵（见表5-9），分别计算三个公因子得分。

表5-9 参赛学生激励期望值的奖励导向维度成分得分系数矩阵

	成分		
	1	2	3
1b.参赛可以使我获得创业项目的研究和实践经费	0.364	−0.199	0.074
2b.参赛可以使我获得创业比赛的奖金	0.348	−0.164	0.002
3b.参赛可以使我获得相应的创业项目支持基金	−0.191	0.423	0.086
4b.参赛可以使我的创业项目入驻相应的创业园	−0.247	0.027	0.550
5b.参赛可以使我的创业项目获得更多的社会融资	0.076	−0.232	0.474
6b.参赛可以使我获得相应的学分	0.396	−0.030	−0.228
7b.参赛可以使我在各类评奖评优中有优势	−0.174	0.568	−0.111
8b.参赛可以使我在今后的求职中更具优势	0.125	0.023	0.161
9b.与比赛相关的表彰大会可以让我感到自身价值被尊重与认可	0.176	0.324	−0.254

其中：

L1=0.364*1b+0.348*2b−0.191*3b−0.247*4b+0.076*5b+0.396*6b−0.174*7b+0.125*8b+0.176*9b；

L2=−0.199*1b−0.164*2b+0.423*3b+0.027*4b−0.232*5b−0.030*6b+0.568*7b+0.023*8b+0.324*9b；

L3=0.074*1b+0.002*2b+0.086*3b+0.550*4b+0.474*5b−0.228*6b−0.111*7b+0.161*8b−0.254*9b；

此时，本文已将9个指标简化为三个指标，接着，通过对这三个指标进行加权平均,得到参赛学生激励期望值的奖励导向维度总指标L。三个公因子的权重计算得L1的权重为0.39,L2的权重为0.32,L3的权重为0.29,由此可得参赛学生激励期望值的奖励导向维度总指标L=0.39*L1+0.32*L2+0.29*L3。

(二)参赛学生发展导向维度的因子分析

1. 参赛学生激励效价的发展导向维度因子分析

参赛学生的激励效价在发展导向维度中共有12个题项,首先对该维度是否适合做因子分析进行判断。从KMO和巴特利特球形检验中(见表5-10)可以看出,KMO值为0.735,且显著性为0.000,因此,激励效价在发展导向维度上适合做因子分析。

表5-10 参赛学生激励效价的发展导向维度的KMO和巴特利特球形检验

KMO取样适切性量数	0.735
巴特利特球形度检验 近似卡方	1050.091
自由度	66
显著性	0.000

其中,该维度提取了三个公因子,第一个公因子包含9个变量,第二个公因子包含2个变量,第三个公因子包含1个变量。由于变量分布较为分散,难以根据其内容进行统一命名,因此分别编号为公因子M1、公因子M2、公因子M3。这三个公因子解释方差的百分比是72.015%(见表5-11),因此,参赛学生激励效价的发展导向维度适合进行因子分析。

表5-11 参赛学生激励效价的发展导向维度公因子解释的总方差

成分	旋转载荷平方和		
	总计	方差百分比	累积%
1	5.860	48.836	48.836
2	1.463	12.194	61.030
3	1.318	10.985	72.015

参照成分得分系数矩阵(见表5-12),分别计算三个公因子得分。

表5-12 参赛学生激励效价的发展导向维度成分得分系数矩阵

	成分		
	1	2	3
10b.参赛可以使我提高创业相关领域的业务水平	0.165	−0.070	0.240
11b.参赛可以使我更加了解创业政策	0.197	−0.316	0.143
12b.参赛可以使我享受创业相关的扶持优惠政策	0.165	−0.181	0.088
13b.参赛可以使我明确我的创业项目的市场竞争力	0.121	0.080	−0.153

续表

	成分		
	1	2	3
14b.参赛可以使我发现我的创业项目的不足之处	0.115	0.137	−114
15b.参赛可以使我更加明确未来的创业项目发展方向	0.124	0.104	−0.056
16b.参赛可以为我提供创业经验的交流平台	0.121	0.044	−0.028
17b.参赛可以为我提供创业知识和经验的培训与学习机会	0.134	0.041	0.104
18b.参赛可以使我获得创业导师的指导和帮助	0.002	0.401	−0.085
19b.参赛可以使我提高实践能力	0.052	0.034	0.657
20b.参赛可以使我结识更多的朋友	0.119	−0.660	−0.112
21b.参赛可以为我积累并拓展创业人脉	0.096	−0.046	−0.420

其中：M1=0.165*10a+0.197*11a+0.165*12a+0.121*13a+0.115*14a+0.124*15a+0.121*16a+0.134*17a+0.002*18a+0.052*19a+0.119*20a+0.096*21a；

M2=−0.070*10a−0.316*11a−0.181*12a+0.080*13a+0.137*14a+0.104*15a+0.044*16a+0.041*17a+0.401*18a+0.034*19a−0.660*20a−0.046*21a；

M3=0.240*10a+0.143*11a+0.088*12a−0.153*13a−0.114*14a−0.056*15a−0.028*16a+0.104*17a−0.085*18a+0.657*19a−0.112*20a−0.420*21a；

此时，本文已将12个指标简化为三个指标，接着，通过对这三个指标进行加权平均，得到参赛学生激励效价的发展导向维度总指标M。三个公因子的权重计算得M1的权重为0.68，M2的权重为0.17，M3的权重为0.15，由此可得参赛学生激励效价的发展导向维度总指标M=0.68*M1+0.17*M2+0.15*M3。

2.参赛学生激励期望值的发展导向维度因子分析

参赛学生激励期望值的发展导向维度中共有12个题项，首先对该维度是否适合做因子分析进行判断。从KMO和巴特利特球形检验中（见表5-13）可以看出，KMO值为0.795，且显著性为0.000，因此，激励期望值在发展导向维度上适合做因子分析。

表5-13　参赛学生激励期望值的发展导向维度的KMO和巴特利特球形检验

KMO取样适切性量数	0.795
巴特利特球形度检验　近似卡方	860.611
自由度	66
显著性	0.000

其中，该维度提取了三个公因子，第一个公因子包含6个变量，第二个公因子包含4个变量，第三个公因子包含2个变量。由于变量分布较为分散，难以根据其内容进行统一命名，因此分别编号为公因子N1、公因子N2、公因子N3。这三个

公因子解释方差的百分比是72.180%（如表5-14），因此，参赛学生激励期望值的发展导向维度适合进行因子分析。

表5-14 参赛学生激励期望值的发展导向维度公因子解释的总方差

成分	旋转载荷平方和		
	总计	方差百分比	累积%
1	4.046	33.717	33.717
2	2.871	23.927	57.645
3	1.744	14.535	72.180

参照成分得分系数矩阵（见表5-15），分别计算三个公因子得分。

表5-15 参赛学生激励期望值的发展导向维度成分得分系数矩阵

	成分		
	1	2	3
10b.参赛可以使我提高创业相关领域的业务水平	0.037	0.230	−0.066
11b.参赛可以使我更加了解创业政策	−0.030	0.267	−0.076
12b.参赛可以使我享受创业相关的扶持优惠政策	−0.146	0.410	−0.079
13b.参赛可以使我明确我的创业项目的市场竞争力	−0.085	0.264	0.169
14b.参赛可以使我发现我的创业项目的不足之处	0.216	−0.019	−0.002
15b.参赛可以使我更加明确未来的创业项目发展方向	0.254	−0.164	0.168
16b.参赛可以为我提供创业经验的交流平台	0.175	−0.138	0.326
17b.参赛可以为我提供创业知识和经验的培训与学习机会	0.008	−0.126	0.533
18b.参赛可以使我获得创业导师的指导和帮助	0.102	0.134	−0.110
19b.参赛可以使我提高实践能力	0.195	0.006	−0.108
20b.参赛可以使我结识更多的朋友	0.249	−0.221	−0.347
21b.参赛可以为我积累并拓展创业人脉	0.243	−0.040	−110

其中：

$N1=0.037*10b-0.030*11b-0.146*12b-0.085*13b+0.216*14b+0.254*15b+175*16b+0.008*17b+0.102*18b+0.195*19b+0.249*20b+0.243*21b$；

$N2=0.230*10b+0.267*11b+0.410*12b+0.264*13b-0.019*14b-0.164*15b-0.138*16b-0.126*17b+0.134*18b+0.006*19b-0.221*20b-0.040*21b$；

$N3=-0.066*10b-0.076*11b-0.079*12b+0.169*13b-0.002*14b+0.168*15b+0.326*16b+0.533*17b-0.110*18b-0.108*19b-0.347*20b-0.110*21b$；

此时，本文已将12个指标简化为三个指标，接着，通过对这三个指标进行加权平均，得到参赛学生激励期望值的发展导向维度总指标N。三个公因子的权重计算得N1的权重为0.47，N2的权重为0.33，N3的权重为0.20，由此可得参赛学生激励期望值的发展导向维度总指标N=0.47*N1+0.33*N2+0.20*N3。

（三）参赛学生组织导向维度的因子分析

1.参赛学生激励效价的组织导向维度因子分析

参赛学生激励效价的组织导向维度中共有11个题项，首先对该维度是否适合做因子分析进行判断。从KMO和巴特利特球形检验中（见表5-16）可以看出，KMO值为0.723，且显著性为0.000，因此，激励效价在组织导向维度上适合做因子分析。

表5-16　参赛学生激励效价的组织导向维度的KMO和巴特利特球形检验

KMO取样适切性量数	0.723
巴特利特球形度检验　近似卡方	861.417
自由度	55
显著性	0.000

其中，该维度提取了三个公因子，第一个公因子包含7个变量，第二个公因子包含2个变量，第三个公因子包含2个变量。由于变量分布较为分散，难以根据其内容进行统一命名，因此分别编号为公因子01、公因子02、公因子03。这三个公因子解释方差的百分比是70.677%（见表5-17），因此，参赛学生激励效价的组织导向维度适合进行因子分析。

表5-17　参赛学生激励效价的组织导向维度公因子解释的总方差

成分	旋转载荷平方和		
	总计	方差百分比	累积%
1	4.201	38.193	38.193
2	2.027	18.428	56.622
3	1.546	14.055	70.677

参照成分得分系数矩阵（见表5-18），分别计算三个公因子得分。

表5-18　参赛学生激励效价的组织导向维度成分得分系数矩阵

	成分		
	1	2	3
22a.比赛过程公平公正公开	−0.030	−0.049	0.505
23a.我所参加的大赛与其他同类型大赛相比有独特性	−0.153	−0.042	0.678
24a.比赛评价标准的统一且合理	0.212	−0.084	0.004
25a.所有参与者诚信比赛	0.204	−0.011	−0.022
26a.比赛组织正规、有序且合理	0.110	0.145	0.083
27a.参赛可以使我更加明确未来的创业项目发展方向	0.115	0.147	0.055

续表

	成分		
	1	2	3
28a.大赛宣传工作能引起我的兴趣	0.317	−0.238	−0.151
29a.大赛主题、定位等与我的项目相符	−0.006	0.393	−0.087
30a.参赛不会影响我正常的学习、工作、生活等	0.215	−0.145	−0.091
31a.参赛不会成为我的负担	0.130	0.081	−0.010
32a.参赛对我来说有一定的挑战性	−0.209	0.588	−0.035

其中：

O1=−0.030*22a−0.153*23a+0.212*24a+0.204*25a+0.110*26a+0.115*27a+0.317*28a−0.006*29a+0.215*30a+0.130*31a−0.209*32a；

O2=−0.049*22a−0.042*23a−0.084*24a−0.011*25a+0.145*26a+0.147*27a−0.238*28a+0.393*29a−0.145*30a+0.081*31a+0.588*32a；

O3=0.505*22a+0.678*23a+0.004*24a−0.022*25a+0.083*26a+0.055*27a−0.151*28a−0.087*29a−0.091*30a−0.010*31a−0.035*32a；

此时，本文已将11个指标简化为三个指标，接着，通过对这三个指标进行加权平均，得到参赛学生激励效价的组织导向维度总指标O。三个公因子的权重计算得O1的权重为0.54，O2的权重为0.26，O3的权重为0.20，由此可得参赛学生激励效价的组织导向维度总指标O=0.54*O1+0.26*O2+0.20*O3。

2.参赛学生激励期望值的组织导向维度因子分析

参赛学生激励期望值的组织导向维度中共有11个题项，首先对该维度是否适合做因子分析进行判断。从KMO和巴特利特球形检验中（见表5-19）可以看出，KMO值为0.729，且显著性为0.000，因此，激励期望值在组织导向维度上适合做因子分析。

表5-19　参赛学生激励期望值的组织导向维度的KMO和巴特利特球形检验

KMO取样适切性量数	0.729
巴特利特球形度检验　近似卡方	851.517
自由度	55
显著性	0.000

其中，该维度提取了三个公因子，第一个公因子包含6个变量，第二个公因子包含4个变量，第三个公因子包含1个变量。由于变量分布较为分散，难以根据其内容进行统一命名，因此分别编号为公因子P1、公因子P2、公因子P3。这三个公因子解释方差的百分比是74.308%（见表5-20），因此，参赛学生激励期望值的组织导向维度适合进行因子分析。

表5-20　参赛学生激励期望值的组织导向维度公因子解释的总方差

成分	旋转载荷平方和		
	总计	方差百分比	累积%
1	4.569	41.538	41.538
2	2.471	22.466	64.004
3	1.133	10.304	74.308

参照成分得分系数矩阵（见表5-21），分别计算三个公因子得分。

表5-21　参赛学生激励期望值的组织导向维度成分得分系数矩阵

	成分		
	1	2	3
22b.比赛过程公平公正公开	0.155	0.027	0.109
23b.我所参加的大赛与其他同类型大赛相比有独特性	−0.064	0.021	0.880
24b.比赛评价标准的统一且合理	0.220	−0.034	−0.133
25b.所有参与者诚信比赛	0.186	−0.080	0.024
26b.比赛组织正规、有序且合理	0.177	−0.046	0.106
27b.参赛可以使我更加明确未来的创业项目发展方向	0.155	0.015	0.118
28b.大赛宣传工作能引起我的兴趣	0.088	0.246	−0.109
29b.大赛主题、定位等与我的项目相符	0.107	0.266	−0.137
30b.参赛不会影响我正常的学习、工作、生活等	−0.163	0.353	0.150
31b.参赛不会成为我的负担	−0.057	0.387	0.069
32b.参赛对我来说有一定的挑战性	0.150	0.005	−0.214

其中：

P1=0.155*22b−0.064*23b+0.220*24b+0.186*25b+0.177*26b+0.155*27b+0.088*28b+0.107*29b−0.163*30b−0.057*31b+0.150*32b；

P2=0.027*22b+0.021*23b−0.034*24b−0.080*25b−0.046*26b+0.015*27b+0.246*28b+0.266*29b+0.353*30b+0.387*31b+0.005*32b；

P3=0.109*22b+0.880*23b−0.133*24b+0.024*25b+0.106*26b+0.118*27b−109*28b−0.137*29b+0.150*30b+0.069*31b−0.214*32b；

此时，本文已将11个指标简化为三个指标，接着，通过对这三个指标进行加权平均，得到参赛学生激励期望值的组织导向维度总指标P。三个公因子的权重计算得P1的权重为0.56，P2的权重为0.30，P3的权重为0.14，由此可得参赛学生激励期望值的组织导向维度总指标P=0.56*P1+0.30*P2+0.14*P3。

（四）参赛学生团队导向维度的因子分析

1. 参赛学生激励效价的团队导向维度因子分析

参赛学生激励效价的团队导向维度中共有7个题项，首先对该维度是否适合做因子分析进行判断。从KMO和巴特利特球形检验中（见表5-22）可以看出，KMO值为0.609，且显著性为0.000，因此，激励效价在团队导向维度上适合做因子分析。

表5-22　参赛学生激励效价的团队导向维度的KMO和巴特利特球形检验

KMO取样适切性量数	0.609
巴特利特球形度检验　近似卡方	710.620
自由度	21
显著性	0.000

其中，该维度提取了三个公因子，第一个公因子包含5个变量，第二个公因子包含1个变量，第三个公因子包含1个变量。由于变量分布较为分散，难以根据其内容进行统一命名，因此分别编号为公因子Q1、公因子Q2、公因子Q3。这三个公因子解释方差的百分比是84.118%（见表5-23），因此，参赛学生激励效价的团队导向维度适合进行因子分析。

表5-23　参赛学生激励效价的团队导向维度公因子解释的总方差

成分	旋转载荷平方和		
	总计	方差百分比	累积%
1	3.533	50.466	50.466
2	1.277	18.244	68.709
3	1.079	15.409	84.118

参照成分得分系数矩阵（见表5-24），分别计算三个公因子得分。

表5-24　参赛学生激励效价的团队导向维度成分得分系数矩阵

	成分		
	1	2	3
33a.参赛可以使我为学校等我所在的集体争光	0.019	-0.057	0.896
34a.自己所在团队内部人员结构合理、分工明确	0.182	0.149	0.287
35a.自己所在团队内部成员相处融洽且沟通顺畅	0.270	-0.023	0.073
36a.自己所在团队内部成员相互信任	0.290	-0.184	-0.170
37a.自己所在团队内部成员有凝聚力	0.306	-0.169	-0.073
38a.自己所在团队内部成员能妥善解决成员间的冲突	0.116	0.284	-0.001
39a.参赛可以使我在我所在的团队里发挥所学专业特长	0.157	0.849	-0.067

其中：

Q1=0.019*33a+0.182*34a+0.270*35a+0.290*36a+0.306*37a+0.116*38a－0.157*39a；

Q2=-0.057*33a+0.149*34a-0.023*35a-0.184*36a-0.169*37a+0.284*38a+849*39a；

Q3=0.896*33a+0.287*34a+0.073*35a－0.170*36a－0.073*37a－0.001*38a－0.067*39a；

此时，本文已将7个指标简化为三个指标，接着，通过对这三个指标进行加权平均，得到参赛学生激励效价的团队导向维度总指标Q。三个公因子的权重计算得Q1的权重为0.60，Q2的权重为0.22，Q3的权重为0.18，由此可得参赛学生激励效价的团队导向维度总指标Q=0.60*Q1+0.22*Q2+0.18*Q3。

2. 参赛学生激励期望值的团队导向维度因子分析

参赛学生激励期望值的团队导向维度中共有7个题项，首先对该维度是否适合做因子分析进行判断。从KMO和巴特利特球形检验中（见表5-25）可以看出，KMO值为0.858，且显著性为0.000，因此，激励期望值在团队导向维度上适合做因子分析。

表5-25　参赛学生激励期望值的团队导向维度的KMO和巴特利特球形检验

KMO取样适切性量数	0.858
巴特利特球形度检验 近似卡方	827.392
自由度	21
显著性	0.000

其中，该维度提取了两个公因子，第一个公因子包含5个变量，第二个公因子包含2个变量。由于变量分布较为分散，难以根据其内容进行统一命名，因此分别编号为公因子R1、公因子R2。这两个公因子解释方差的百分比是83.796%（见表5-26），因此，参赛学生激励期望值的团队导向维度适合进行因子分析。

表5-26　参赛学生激励期望值的团队导向维度公因子解释的总方差

成分	旋转载荷平方和		
	总计	方差百分比	累积%
1	4.737	67.672	67.672
2	1.129	16.124	83.796

参照成分得分系数矩阵（见表5-27），分别计算两个公因子得分。

表 5-27 参赛学生激励期望值的团队导向维度成分得分系数矩阵

	成分	
	1	2
33b.参赛可以使我为学校等我所在的集体争光	0.115	-0.629
34b.自己所在团队内部人员结构合理、分工明确	0.197	-0.114
35b.自己所在团队内部成员相处融洽且沟通顺畅	0.197	-0.047
36b.自己所在团队内部成员相互信任	0.199	0.014
37b.自己所在团队内部成员有凝聚力	0.185	0.196
38b.自己所在团队内部成员能妥善解决成员间的冲突	0.204	-0.001
39b.参赛可以使我在我所在的团队里发挥所学专业特长	0.071	0.662

其中：

R1=0.115*33b+0.197*34b+0.197*35b+0.199*36b+0.185*37b+0.204*38b+0.071*3b；

R2=-0.629*33b-0.114*34b-0.047*35b+0.014*36b+0.196*37b-0.001*38b+0.662*3b；

此时，本文已将7个指标简化为两个指标，接着，通过对这两个指标进行加权平均，得到参赛学生激励期望值的团队导向维度总指标R。两个公因子的权重计算得R1的权重为0.81，R2的权重为0.19，由此可得参赛学生激励期望值的团队导向维度总指标R=0.81*R1+0.19*R2。

（五）参赛学生支持导向维度的因子分析

1.参赛学生激励效价的支持导向维度因子分析

参赛学生激励效价的支持导向维度中共有6个题项，首先对该维度是否适合做因子分析进行判断。从KMO和巴特利特球形检验中（见表5-28）可以看出，KMO值为0.619，且显著性为0.000，因此，激励效价在支持导向维度上适合做因子分析。

表 5-28 参赛学生激励效价的支持导向维度的KMO和巴特利特球形检验

KMO取样适切性量数		0.619
巴特利特球形度检验	近似卡方	275.123
	自由度	15
	显著性	0.000

其中，该维度提取了两个公因子，第一个公因子包含3个变量，第二个公因子包含3个变量。由于变量分布较为分散，难以根据其内容进行统一命名，因此分别编号为公因子S1、公因子S2。这两个公因子解释方差的百分比是68.142%

（见表5-29），因此，参赛学生激励效价的支持导向维度适合进行因子分析。

表5-29 参赛学生激励效价的支持导向维度公因子解释的总方差

成分	旋转载荷平方和		
	总计	方差百分比	累积%
1	2.183	36.382	36.382
2	1.906	31.759	68.142

参照成分得分系数矩阵（见表5-30），分别计算两个公因子得分。

表5-30 参赛学生激励效价的支持导向维度成分得分系数矩阵

	成分	
	1	2
40a.学校及大赛组委会对此次比赛的关注与支持	−0.173	0.498
41a.父母及家人对我参赛的支持与鼓励	0.278	0.155
42a.学校、辅导员及任课老师对我参赛的鼓励与帮助	0.420	−0.034
43a.周围的同学及朋友积极参与创新创业	0.484	−0.236
44a.大赛组委会在比赛结束后对我的创业项目的继续帮助	−0.050	0.262
45a.学校对学生创新创业活动的支持与帮助	−0.020	0.446

其中：

S1=−0.173*40a+0.278*41a+0.420*42a+0.484*43a−0.050*44a−0.020*5a；

S2=0.498*40a+0.155*41a−0.034*42a~0.236*43a+0.262*44a+0.446*45a；

此时，本文已将6个指标简化为两个指标，接着，通过对这两个指标进行加权平均，得到参赛学生激励效价的支持导向维度总指标S。两个公因子的权重计算得S1的权重为0.53，S2的权重为0.47，由此可得参赛学生激励效价的支持导向维度总指标S=0.53*S1+0.47*S2。

2.参赛学生激励期望值的支持导向维度因子分析

参赛学生激励期望值的支持导向维度中共有6个题项，首先对该维度是否适合做因子分析进行判断。从KMO和巴特利特球形检验中（见表5-31）可以看出，KMO值为0.700，且显著性为0.000，因此，激励期望值在支持导向维度上适合做因子分析。

表5-31 参赛学生激励期望值的支持导向维度的KMO和巴特利特球形检验

KMO取样适切性量数	0.700
巴特利特球形度检验 近似卡方	274.001
自由度	15
显著性	0.000

其中，该维度提取了两个公因子，第一个公因子包含4个变量，第二个公因

子包含2个变量。由于变量分布较为分散，难以根据其内容进行统一命名，因此分别编号为公因子T1、公因子T2。这两个公因子解释方差的百分比是70.553%（见表5-32），因此，参赛学生激励期望值的支持导向维度适合进行因子分析。

表5-32 参赛学生激励期望值的支持导向维度公因子解释的总方差

成分	旋转载荷平方和		
	总计	方差百分比	累积%
1	2.561	42.687	42.687
2	1.672	27.867	70.553

参照成分得分系数矩阵（见表5-33），分别计算两个公因子得分。

表5-33 参赛学生激励期望值的支持导向维度成分得分系数矩阵

	成分	
	1	2
40b.学校及大赛组委会对此次比赛的关注与支持	0.145	0.233
41b.父母及家人对我参赛的支持与鼓励	0.297	−0.036
42b.学校、辅导员及任课老师对我参赛的鼓励与帮助	0.497	−0.376
43b.周围的同学及朋友积极参与创新创业	0.242	0.122
44b.大赛组委会在比赛结束后对我的创业项目的继续帮助	−0.260	0.691
45b.学校对学生创新创业活动的支持与帮助	0.118	0.263

其中：

T1=0.145*40b+0.297*41b+0.497*42b+0.242*43b−0.260*44b+0.118*45b；
T2=0.233*40b−0.036*41b−0.376*42b+0.122*43b+0.691*44b+0.263*45b；

此时，本文已将6个指标简化为两个指标，接着，通过对这两个指标进行加权平均，得到参赛学生激励期望值的支持导向维度总指标T。两个公因子的权重计算得T1的权重为0.61，T2的权重为0.39，由此可得参赛学生激励期望值的支持导向维度总指标T=0.61*T1+0.39*T2。

三、大赛参赛学生是否获奖的回归分析

通过上述的因子分析达到了降维的目的，便于对参赛学生是否获奖进行回归分析。

（一）参赛学生激励效价与是否获奖的回归分析

在参赛学生激励效价量表中，已把45个变量简化为五个总指标K（奖励导向）、M（发展导向）、O（组织导向）、Q（团队导向）、S（支持导向），其与是否获奖进行Logistic回归，得到结果如表5-34所示：

表5-34　参赛学生激励效价与其是否获奖的回归方程中的变量表

模型		B	S.E	Wald	自由度	显著性	Exp（B）
1	（常量）	1.366	2.989	0.209	1	0.648	3.922
	K	-0.300	0.363	1.681	1	0.409	0.741
	M	0.083	0.335	3.961	1	0.005	1.086
	O	461	0.459	1.009	1	0.558	0.631
	Q	0.662	0.596	1.233	1	0.245	1.939
	S	0.275	0.371	4.550	1	0.001	1.318

由上表可知，在投入的五个变量中，发展导向（M）维度的Wald检验值的显著性为0.005，支持导向（S）维度的Wald检验值的显著性为0.001，达到0.05的显著性水平，因此，这两个变量在激励效价中是预测参赛学生获奖与否的重要变量。其中，发展导向的胜算比为1.086，表示参赛学生在发展导向重要性上的测量值增高1分，其获奖概率比未获奖概率增加1.086倍；支持导向的胜算比为1.318，表示参赛学生在支持导向重要性上的测量值增高1分，其获奖概率比未获奖概率增加1.318倍。

（二）参赛学生激励期望值与是否获奖的回归分析

同样地，在参赛学生激励期望值量表中，已把45个变量简化为五个总指标L（奖励导向）、N（发展导向）、P（组织导向）、R（团队导向）、T（支持导向），其与是否获奖进行Logistic回归，得到结果如表5-35所示：

表5-35　参赛学生激励期望值与其是否获奖的回归方程中的变量表

模型		B	S.E	Wald	自由度	显著性	Exp（B）
1	常量	-0.720	-1.628	0.196	1	0.658	0.487
	L	-0.168	0.365	0.213	1	0.645	0.845
	N	1.191	0.463	6.613	1	0.010	-3.289
	P	-0.1.334	0.441	9.136	1	0.003	0.264
	R	-0.104	0.348	0.090	1	0.764	0.901
	T	0.919	0.341	7.251	1	0.007	-2.507

由上表可知，在投入的五个变量中，发展导向（N）维度的Wald检验值显著性为0.01、组织导向（P）维度的Wald检验值显著性为0.003以及支持导向（T）维度的Wald检验值显著为0.007，均达到0.05的显著性水平，因此，这三个变量在激励期望值中是预测参赛学生获奖与否的重要变量。其中，发展导向的胜算比为3.289，表示参赛学生在激励期望值的发展导向上的测量值增加1，其获奖概率比未获奖概率增加3.289倍；组织导向的回归系数为-1.334，表示参赛学生对组

织导向上的相关措施所能实现的预期越高,其在"互联网+"大学生创新创业大赛中获奖的概率越低;支持导向的胜算比为2.507,表示参赛学生在激励期望值的发展导向上的测量值增加1,其获奖概率比未获奖概率增加2.507倍。

第三节 创新创业赛事的总结及优化

H大学在第三届大赛中取得了历史最好成绩,这与大赛的相关激励措施密不可分。为了探究大学现有创新创业大赛激励措施中,哪些措施能够有效预测"互联网+"大学生创新创业大赛的参赛学生能否获奖,本文以参赛学生是否获奖为因变量,分别以激励效价和激励期望值为自变量进行Logistic回归分析。根据回归分析的结果,本文认为,对于参赛学生而言,发展导向、组织导向以及支持导向维度对其是否获奖有预测意义。其中,在H大学现有激励措施中,大赛在发展导向和支持导向上的激励措施对参赛学生有足够的吸引力且能满足参赛学生的预期,而在组织导向维度上的措施还实施得不够到位,不能满足参赛学生预期,因此呈现负向预测的结果。

H大学在举办第三届大赛后取得了有史以来的最好成绩,也积累了自身的优势和经验;同时,需要指出的是,H大学在举办大赛时同时也存在一定的不足。然而,根据木桶理论,决定大赛举办水平的往往是其不足的部分,因此本章针对上文分析中得出的H大学在大赛举办过程中所存在的问题,提出了若干条建议,主要有明确并完善大赛的目标、激发大赛未参赛学生的参赛意愿、创新点面结合的大赛宣传方式、提升参赛学生在大赛中所需的技能、重视对大赛参赛学生获奖有影响的激励措施等,以期为之后的大赛相关工作改进乃至其他同类型创新创业大赛更好地举办提供借鉴意义。

一、明确并完善大赛的目标

为了深化创新创业教育改革,高校举办了"互联网+"大学生创新创业大赛。高校创新创业教育效果具有双重性,对其的评价应该包含施教者和被教者两方面,而缺乏目标的评价是缺乏根据的,因此,作为高校创新创业教育的重要形式之一——"互联网+"大学生创新创业大赛的目标设置就显得尤为重要。

从高校层面看,首先,高校需要针对创新创业人才不同的培养需求,明确大赛的侧重点。只有明确了赛事的整体侧重点,才能明确处于何种发展阶段的何种性质的项目更容易在大赛中获得评委的青睐。换言之,H大学只有明确了"互联网+"大学生创新创业大赛是更注重参赛项目的创意还是更注重参赛项目的实践,才能针对不同的侧重点来制定大赛在人才培养等方面的目标。从上文的分析中我们可以知道，大赛更加注重参赛项目的实践情况，因此，高校应该明确大赛的目标是培养实践导向的创新创业型人才等，并在这些具体目标的引领下，继续细化能够促进或配合大赛开展的各项工作的目标，例如，细化创新创业教育课程、创新创业教育师资、创新创业教育基地等方面的改革目标。

从学生层面看，目前，几乎没有从学生角度阐述的"互联网+"大学生创新创业大赛举办目标，大赛现有的举办目标主要是从高校的角度来阐述的。其实，大赛的举办者与参与者，即高校与大学生通过大赛的举办都能够取得一定的正向效果，这样的大赛才能算是成功的。因此，"互联网+"大学生创新创业大赛应该增加从学生角度出发的目标说明。从学生角度而言，大赛的举办目标可以表述为提升大学生的创新创业能力、实践能力和综合素质，然后，再针对创新创业能力、实践能力和综合素质进一步细化明确大赛的目标。增加大赛针对学生而言的目标，是为了将大赛的举办与大学生成长发展的需求相结合，从而，可以激励并吸引更多的学生参与到"互联网+"大学生创新创业大赛中来。

二、激发大赛未参赛学生的参赛意愿

H大学的大赛参赛学生数占在校总学生数的比例并不高，因此需要激发未参赛学生的参赛意愿，从而激发大学学生的创新创业热情。创新创业不是理工科或是某一类人的专利，任何人都可以参与其中，人人都可以是创客，激发创新创业的兴趣、养成创新创业的习惯，使大学生提高创新创业的热情。H大学通过激励更多的学生参与到大赛中，以此来培育良好的创新创业校园氛围。

总体看来，H大学的学生对于大赛的参赛意愿不高，这就需要H大学根据学生具体的需求，在大赛的组织和实施过程中，通过有效的激励措施来提高大学生的参赛意愿。本文将未参赛学生的参赛意愿作为因变量，并分别以未参赛学生激励因素在奖励导向、发展导向、组织导向、团队导向、支持导向上的效价和期望值为自变量，进行回归分析，得出结论：对于未参赛学生的参赛意愿而言，在H大学现有的大赛相关激励措施中，支持导向上激励措施最为有效，而在奖励导向、发展导向、组织导向以及团队导向上，其都还需进一步完善，以提高对未参赛学生参赛意愿影响的有效性。

其中，大赛在奖励导向和组织导向上的相关措施的吸引力和实现预期对未参赛学生来说均低，因此大赛可以一方面通过提高大赛奖励力度与宽度，使更多的大赛参赛学生受惠，同时，对学生定期展开创新创业教育培训，提升其对参加大赛的自信；另一方面，完善大赛比赛过程、评价标准、组织程序等相关措施，以提高学生的满意度，从而激励更多的学生参赛。在发展导向上，H大学"互联网+"创新创业大赛的相关措施对于未参赛学生的吸引力高，而未参赛学生对其实现的预期低，因此大赛可以通过提供更好的比赛平台以促进学生参赛项目及其自身发展等方式提升未参赛学生的预期。在团队导向上，H大学"互联网+"创新创业大赛的相关措施对于未参赛学生的吸引力低，而实现预期高，因此大赛可以通过组织相关的团队组建、沟通等技能培训，提高其参赛团队内部的凝聚力，通过提升团队的吸引力来提高大赛的吸引力。

三、创新点面结合的大赛宣传方式

本文通过问卷调查了解到192位未参赛学生对大赛的整体了解程度不高，其中，有38.5%的学生表示"完全不了解"，37.5%的学生表示"比较不了解"，22.9%的学生表示"一般"，仅有1%的学生表示"比较了解"，因此，H大学需要进一步扩大大赛相关宣传信息覆盖面以及加强大赛信息宣传精准性，从而提高大赛的宣传效果。H大学在保留原有传统的大赛宣传方式之外，可以通过创新创业教育课程以及培养创新创业大赛师资等方面来扩大大赛相关信息的宣传面；同时，通过加强H大学学生创新创业项目培养部门之间的联系以及通过微信等方式提升大赛相关信息的精准推送率。

H大学的创新创业教育是以专业知识与精神能力培育相统一为宗旨，把大学生培养成具有创新精神和创业能力的人才，从而使得大学生成为敢于迎接挑战、具有坚强意志的综合素质人才。高校开展创新创业教育课程，促使大学生寻找并发现生活中的问题，并运用创造性的思维去解决这个问题，对大学生创新创业意识的萌生与发展具有显著作用，同时，通过课程的教育，鼓励更多的学生参与到大赛中。因此，上好创新创业教育课程不失为对大赛进行宣传的有效途径。

同时，H大学的大赛宣传要充分借助教师群体。就大学就业与创业服务中心的层面而言，其需要找到一个方法或途径来更快更好地宣传大赛以收集到更多更优质的参赛项目。为此，H大学作为师范院校，可以通过培养教师来带动学生参赛的方式，从师资培养入手，从而动员更多的学生参赛。大赛的宣传，应当充分发挥H大学的优势，即先培养出一批可以指导并带领学生进行创新创业的老师，再由这些老师宣传动员学生参赛，这样既可以确保大赛的参赛项目基数，同时，也能进一步激发大学生创新创业的热情。H大学可以从两个方面入手培养创新创业师资：一方面，加大力度培养校内力量。高校辅导员与学生的日常接触相对较多，且其在学生中具有一定的影响力。因此，H大学可以从辅导员队伍建设入手，培养并增强辅导员创新创业的思想意识，从而带动大学生参加并投入大赛中。H大学还可以鼓励具有高实践价值的科研项目的指导老师参与到"互联网+"大学生创新创业大赛中，以此来带动整个项目组成员投入创新创业活动中。另一方面，挖掘并开发校外资源。H大学可以与其所在地的创业公司合作，吸引创业公司核心成员成为其创新创业导师。同时，H大学要充分利用校友资源，邀请投入到创新创业事业的校友为其学弟学妹们的创新创业之路做指导。

在扩大大赛宣传面的同时，也要有针对性的结合点宣传，即加强大赛宣传的精准性。高校的创新创业教育应该具有连贯性，H大学应该重视对大学生创业项目孵化的过程管理，加强负责大学生创新创业教育培养的三个主要部门的管理与联系，以筛选出更具竞争力的大赛参赛项目。H大学可以开发出一个高校创新创业大赛项目的管理平台，该平台应该集学生创新创业适切程度测试、创新创业项目申报与培育、创新创业项目管理与孵化等为一体，对每一个独立的创新创业类大赛所收集到的项目进行管理。负责进行H大学大学生创新创业教育的部门是教务处、校团委、大学生就业与创业指导中心，这三个部门应该利用H大学创新创业大赛项目的管理平台，对所收集到的本校创新创业项目进行登记备案；在主办创新创业类大赛时，要对参赛学生进行创新创业适切程度的评估，重点培养适合创新创业的学生及其团队的创新创业项目；同时，这三个部门利用平台，共享创新创业培养过程，以便彼此之间能更快地交接项目，发现具有继续参赛意愿以及竞争力的参赛项目，从而通过H大学微信企业号精准推送等方式有针对性地对其展开"互联网+"大学生创新创业大赛及其他创新创业类大赛的宣传。

四、提升参赛学生在大赛中所需的技能

对于H大学"互联网+"大学生创新创业大赛的参赛学生来说，其在大赛中所需的创新创业团队组建技能和商业计划书的撰写技能还需进一步加强。提升参赛学生在大赛中所需的技能，是参赛学生在大赛中发挥出良好水平的保证，从而使大赛的举办效果进一步提升。

H大学的大赛参赛学生在团队组建方面缺乏一定的科学指导，因此，在参加大赛时不能很好地发挥出团队优势。高校在对学生开展创新创业团队组建指导时，应该结合已有的团队组建理论，针对不同的创新创业团队类型给出合理化建议。多项研究表明，影响团队工作效率和团队绩效的重要因素是创新创业团队的结构，团队的结构包括团队的人数、团队的人员结构、团队成员的专业技能结构等因素。例如，库珀等学者认为，团队人数在一定程度与团队绩效成正比，即团队人数越多，团队绩效越高，但并不是说团队人数越多越好。因此，H大学在大赛的组织与实施时，可以根据不同参赛团队组建的需要为其提供科学合理的团队人数建议。团队的人员结构包括团队成员的年龄、性别以及教育背景等方面的同质性或异质性。关于团队的人员应该同质还是异质的争论在学术界从未停止过，有学者认为团队成员同质性更易于团队间的沟通交流，而也有学者认为团队成员异质性更利于获取不同角度的资源利于团队绩效。因此，H大学应该帮助大学生创新创业团队

把握团队人员结构的差异度。最后，团队成员的专业技能构成应该尽量具有互补性以及差异性。因为，团队成员在专业技能上的异质性会改善初创企业的绩效。

对于参赛学生而言，另一项重要的参赛技能就是商业计划书的撰写。在H大学的"互联网+"大学生创新创业大赛中，参赛学生往往有很好的想法，却因为难以用商业计划书进行很好的表达而导致落败。在上文的研究中发现，H大学通过集体培训的方式提高了参赛学生商业计划书撰写的技能。因此，本文认为，应该加大对参赛学生撰写计划书能力的培训力度和广度，通过请校内外专家开展集训、沙龙、讲座等方式，为学生搭建面对面交流创业经验与技能的平台；高校还可以通过开设与商业计划书撰写知识相关的选修课，为学生提供计划书撰写的理论知识等。

商业计划书的撰写不是凭空想象的，而是基于参赛学生的实践思考。H大学还可以加强校企合作，利用企业的平台，让学生参与到创业实践中，使其切身感受到创新创业这件事，从而让学生从实践中发现真问题、磨炼真问题。例如，美国的圣路易斯华盛顿大学有一个学生实习项目，就是在每年夏天提供该校的25位学生在初创公司带薪实习。H大学可以通过借鉴上述方式，一方面激发学生参与"互联网+"大学生创新创业大赛的热情，另一方面也可以提高H大学大赛的参赛项目质量，促使大赛举办效果和影响力得以提升。

五、重视对大赛参赛学生获奖有影响的激励措施

H大学的参赛学生获奖情况是评价H大学大赛举办效果的重要指标之一。本文以H大学第三届大赛的参赛学生是否获奖为因变量，而自变量为参赛学生在奖励导向维度、发展导向维度、组织导向维度、团队导向维度、支持导向维度上的激励效价和期望值，进行回归后得到的结果是：对于大赛参赛学生而言，在发展导向、组织导向以及支持导向维度上的激励措施对其是否获奖有预测意义，在H大学现有的大赛相关激励措施中，在发展导向及支持导向维度上，措施的吸引力对参赛学生是否在大赛中获奖有正向预测意义。与此同时，参赛学生对发展导向和支持导向维度上的措施实现预期对其是否获奖也有正向预测意义，而参赛学生对大赛组织导向维度上的措施实现预期对其是否获奖有负向预测意义，可能是就"互联网+"大学生创新创业大赛而言，在组织导向维度上的措施还实施得不够到位。

因此，H大学"互联网+"大学生创新创业大赛要继续保持在发展导向和支持导向维度的激励措施。H大学要注重大赛本身的质量建设，使大赛的相关措施在对参赛学生的创新创业项目发展以及参赛学生自身发展方面具有吸引力及可预见性。H大学在培养创新创业内环境的同时，也要注重对外环境的建设，要争取学生家长

的理解与支持，鼓励其配合学校的创新创业工作。H大学要继续加大对大学生创新创业的资金投入，要对在创业资金上有困难的大学生提供资金上的支持，同时，帮助大赛的参赛项目与社会资源进行对接。另外，H大学要继续建设并完善已有的三个创新创业孵化基地，加大与校外科技园的合作力度，为大学生提供参观科技园的机会，并为有入驻意向的学生提供专职人员对其进行讲解以指导其更好地开展创新创业。

与此同时，H大学的"互联网+"大学生创新创业大赛要特别注重组织导向维度的措施建设。例如，凸显大赛与同类型创新创业竞赛相比的实践偏好特色；完善比赛程序以及评审标准；科学合理地设定大赛的难度系数等。

第六章　高校创新创业人才能力的培训研究

第一节　大学生创业素质培训

在学术界和企业界，创业者被定义为组织、管理一个生意或企业并承担其风险的人。创业是一项非常富有实践性、专业化的复杂活动，对创业者的素质有着极为苛刻的要求。我们必须强调的客观事实是并非所有的人都适合创业。

经验表明，创业成功的概率与创业者的综合素质成正比。事实上，创业者的素质往往决定着创业的方向、路径和过程，决定着创业的效率、结果与最终的成败。

一、心理品质是决定创业者成败的内因

创业者的心理品质，是指对创业者在创业实践过程中的心理和行为起调节作用的个性心理特征，它与创业者个人的天赋气质、性格特征紧密相连。

比尔盖茨曾说："如果你的心理特质不适合创业，你就不可能取得成功。"综观无数创业成功者的经历，我们可以得出一个基本结论：支持他们创业成功的，从来不是教育背景，也不是他们当时身处的环境，甚至不完全是资金。而是创业者的内心——他们的心理品质。对事业的成功而言，没有任何其他因素的决定作用能够超越创业者的心理品质。创业者的心理品质乃是决定创业成败的内因，是决定创业成败的关键。

成功创业者通常都具有坚定的创业意志和对事业的深厚情感，以及显著的独立性、敢为性、坚韧性、适应性、合作性等性格特征。

拓展阅读

"瑞典商界圣经"推崇的创业者适应性心理品质,其测评表如下。

表6-1 创业者适应性心理品质测评表

个人特点	较好	较差
有求知欲,愿意实践新事物,对很多事都有兴趣		
不害怕,勇于进取		
喜欢竞争,愿意成功,有能力,勤奋实干		
主观能动性强,敢于做决定并承担责任		
乐于当领导而非被领导		
个人特点	较好	较差
乐于多干工作		
能够接受繁重的工作,身体健康有耐力		
自信,相信自己的判断		
顽强,做事善始善终		
有明确的个人目标		
不拖延,决定了就去执行		
能够承受有压力且不规律的生活		
不会因为一般的困难而随便放弃		
面对心理压力能正常生活		
面对变化感觉兴奋而非害怕		
会评估风险,能接受挑战性的风险		
不随波逐流		
能够承受挫折、面对打击、接受批评		
善于总结经验教训		
善于与陌生人建立联系,善于销售		
外向,乐于与人沟通联系		
能得到别人信赖		
能领导别人,善于分派工作任务并授权他人负责		
信赖别人,敢于委托下放责任		
善于计划安排时间,能够独立工作		
切实了解自己的能力		
乐观,相信未来会越来越好		
有创造力,经常能发现新的解决方案		
善于提问,不盲目依赖专家		
有远见,清楚自己的目标		

续表

个人特点	较好	较差
愿意出名，喜欢曝光		
以前喜欢做生意，销售过多种不同产品		
做事有章法，不马虎		
愿意发展，乐意不断向新目标前进		
选择数量		

二、创业者必备的知识与资源

（一）创业必备四类知识

1. 拟涉足行业与产品的相关专业知识

一切创业都是在特定行业从事特定产品或服务的经营活动。因此，在正式创业之前，创业者首先必须掌握拟涉足行业和拟经营产品或服务的相关专业知识。

创业者在了解一般行业知识的基础上，应重点了解拟涉足行业的相关专业知识，主要包括：①该行业在整个国民经济和产业链中的地位与作用；②该行业的组织结构和竞争态势；③该行业所处发展阶段和发展趋势；④该行业的市场需求容量和可持续发展潜力；⑤该行业的专门工艺、技术知识；⑥该行业的执业资质要求、进入门槛和相关管理法规。

同时，还应重点了解拟涉及产品的相关专业知识，主要包括：①该类产品的核心价值、产品形式和附加利益等；②该类产品的整体设计，包含基本功能设计、形式设计和销售技术服务设计等；③该类产品的生命周期和替代品构成状况；④该类产品的价格、销售渠道、促销等基本营销策略；⑤该类产品新产品开发的资源条件、程序和具体要求；⑥该类产品的质量、监督和消费者权益保护等有关法律规定。

2. 企业经营管理基本知识

企业经营管理基本知识主要涉及准确认识企业制度、明确企业内部结构和职能设计、企业创办程序、项目选择、资金筹集、成本控制、市场调查与预测、企业文化建设、品牌建设等理论知识和实务知识，以及战略管理、财务管理、人力资源管理、营销管理、生产技术管理、风险管理和公共关系管理等基本理论和实操知识。

3. 创业涉及的法律与政策基本知识

为了保证创业活动能够顺利进行，创业者必须知法律、懂政策，依法创业，在法律与政策允许的范围内合法经营。要学会用法律来保护自己的利益，减少和避免损失。同时，学会充分利用政策性资源和发展机遇。

4. 人文、社会、自然科学与养生保健基本知识

在"以人为本"的社会中，掌握人文、社会、自然科学与养生保健知识，对创业者来说是十分必要和有益的。

(二) 创业必备五种资源

资源是创业活动不可或缺的要素，是创业成功必须依赖的"资本"。对每个创业者来说，无论是在创业前，还是在创业过程中，资源缺乏是一种普遍现象。解决资源缺乏的根本途径是不断积累和持续开发。创业者必须下功夫开发的创业资源有以下五类。

1. 经验——创业的心灵资本

经验主要由成功心得与失败教训构成，是凝结在心智结构当中的"心灵资本"，对人的一生都有重大影响。多数创业教育专家和创业失败者都认为，缺乏创业知识和创业经验，是导致首次创业失败最根本和最直接的原因。《白手创业》的作者任宪法认为，"创业经验在创业中就是灵魂"。总结自己十年创业经历时，他反思说，"我常想，假如创业之初就能掌握一些创业成功经验，或者有人像带学徒一样教我如何做生意，我也许会有比今天更大的成就"。以我国大学毕业生为例，其创业实践比率之所以不足1%，原因就在于他们缺乏积累创业实践经验的机会。对于没有经验而打算创业的人来说，首要任务就是通过学习与实践去取得间接的创业经验和积累直接的创业经验。

2. 人脉创业的社会资本

人脉是一个人的人际关系资源的总和。人脉是一种"无形的社会资源"，是创业必备的"社会资本"。

我们每个人的一生都离不开人脉，创业更是需要强大的人脉来支撑。在多数情况下，人脉直接决定着创业方向，并能够帮助创业者挖得"第一桶金"。经历过创业的人都能体会到，有广泛的人际关系能大大降低沟通成本，提高效率。因此，在创业准备阶段，我们应客观地分析、评价创业团队的人脉结构现状，重视发挥现有人脉功能，开发人脉短板。

拓展阅读

建立人脉的23个细节

1. 遇人要热情，充满微笑，哪怕是对陌生人，也不能做出一副冷酷或深沉世故状。

2. 与人握手时，同性可多握三秒钟，而且要有点儿力度，显示你的真诚。异

性只能轻握一下四指。

3. 与人说话时，尽量不要打断对方的话，耐心地听别人述说。同时态度要诚恳、温和，眼睛要看着对方，千万不能斜视，因为这样不礼貌。但又不能长久直视，这样会让对方不自在。

4. 对别人的错误最好不要当场批评，之后再婉转地指出或间接地指出。

5. 坚持在背后说别人好话，不要怕这些好话传不到当事人耳朵里。

6. 有人在你面前说某人坏话时，只微笑，千万别发表意见或传播。

7. 对任何人都要诚实守信。

8. 与朋友玩牌时，不能要无赖；运气好时，不能趾高气扬，眉飞色舞，出语损伤对方；运气不好时，不能发脾气。

9. 与朋友一起消费时，稍微大方一些，别显得吝啬小气。

10. 要把别人的行为和动机想得高尚些，并常向对方表达此意。

11. 当你犯错误时，要及时主动认错并道歉，别把脸面看得太重。

12. 见过一次面后，一定要记住别人的全名。如果可能，还要对别人的长处、爱好加以了解，并记住他人的生日。

13. 在各种节假日或生日时，尽可能地多发信息给朋友，真诚地表示你最好的祝愿。

14. 与朋友在一起的时候，尽量谈论别人感兴趣的话题。

15. 尊重所有人，包括不喜欢你的人。

16. 常常自我批评，而不要自我表扬，但不要显得过分谦虚，如果这样会让人感到你很虚伪。

17. 不要吝惜你的喝彩声。

18. 绝不能侮辱嘲笑他人，更不能打击他人。

19. 要知道感恩，感恩也是一种美德。

20. 人多的场合少说话，言多必失。

21. 把未说出口的"不"字改成"我尽力""我想想看""这需要时间"。

22. 不要过分地讨好别人，这样你会失去人格魅力。

23. 聚会时，不要因一点小事而生气，破坏了大家融洽欢快的气氛。

3. 技术——创业的知识资本

创业技术是支持创业者在特定商业领域获取财富的活的经验、知识与资格，即"商战的资本"。创业技术的形成与人们的学习、生活和工作等经历密切相关，特别是与自身的知识、经验积累和专业资历密切相关。

对于打算创业的人来说，有必要客观评估一下自己创业的技术预备程度。开发创业技术的一般途径有以下几种：①在行业工作实践过程中，结合岗位、业务、项目和工程等，采取体验、交流、考察等方式进行综合提高；②有针对性地参加脱产、业余、在职、远程等行业性或工商类学历教育、学位教育或专题研修培训；③有针对性地参加创业教育课程班或专题创业培训班；④有针对性地选择特定科目进行自学和探索。

值得注意的是，在开发创业技术的过程中，应努力抑制浮躁情绪，多阅读一些资深成功人士的创业传记，了解他们在成功之前做了哪些准备，经历了何种磨炼，运用了哪些创业技术，使自己对即将开始的创业做到"心中有数"。

4. 创业机会——创业的盈利资本

创业机会存在于任何时候和任何人迹可至的地方，但如果创业者缺乏创业眼光和能力，就难以发现和识别创业机会，更难以把握和创造创业机会。因此，识别和把握创业机会是准备创业者必须着力培养和提高的能力。

怎样识别商机呢？研究者指出，商机有如下四点基本特征：一是商机有潜在的盈利可能性。这需要创业者根据一定的知识、技术、经验进行评价、识别。二是商机具有流动性和区域性。流动性是指商机可能随着时间和条件的变化在向其他地区转移；区域性是指不同的区域有着不同的商机，在某地不存在的商机在另一个地方可能就是商机。三是商机必须通过生产经营才可以实现。创业者是否具备生产经营的条件，是否能够及时生产出产品，或通过经营提供市场需要的服务，关系着商机能否实现。四是商机的市场价值具有多层次性。创业者能够通过分析、鉴别，并根据实际需要，进一步开发其丰富的价值，甚至可以在一定程度上引导需求、创造商机。

5. 资金——创业的物质资本

资金是指可使用的金融资源的总和，是企业正常运行的血液和命脉。对于准备创业者来说，当然应考虑如何筹措创业启动资金，但是，更要考虑如何提高自己的创业能力以在企业运行过程中有效配置和使用资金。我们要创办的企业一旦进入正式运行状态，就都会成为一个资源转化增值的价值链系统，从企业产品的市场调研、研发设计、采购生产、成品入库、市场销售到售后服务，整个经营流程的所有环节都涉及资金的流入与流出。对创业者来说，上述五类创业资源都是稀缺和必需的。在创业过程中，要注重持续开发和努力整合利用一切闲置的创业资源，不断寻求创业资源数量增长、质量提升和结构优化，同时，要充分发挥创业资源的整体效应。

三、大学生创业综合素质的培育路径

（一）启蒙——教育路径

通过创业教育，可以使创业者具备相应的人事管理、财务管理、物资管理、生产管理和市场营销管理等创业的必备知识，帮助创业者顺利走向创业之路。

（二）基础——培训/仿真模拟教学路径

著名管理学家德鲁克早在20世纪80年代中期接受记者采访时就指出："那些典型的小企业没有经验，也没有训练。"实际上，最成功的年轻企业家是在大企业组织中工作过5～8年的人，他们可以从中学到经营管理方法，学会如何作现金流分析、如何搞好人员培训、如何委派工作并建立一个班子……强大的能力是你在开创企业之前5～10年的管理经验中取得的。如果你没有，你就会在一些基本问题上犯错误。

（三）关键——实践路径

培育创业者的根本途径和关键环节在于创业实践。正如必须下到水中才能最终学会游泳一样，不经过创业实践，就不可能获得优秀创业家的心理品质和综合能力。创业实践过程往往是充满挫折和失败痛苦的"试错→感悟→纠错→成长"的过程。只要能够正视挫折，善于从失败和挫折中汲取教训，发现规律和新的机会，坚持奋斗，就不会被失败和挫折打垮，就可以走向成功。联想集团靠中国科学院给的20万元贷款起家，创业初期由于急于赢利，在一笔交易中被骗去8万元，致使整个公司陷入困境；1998年联想集团管理层又出现巨大震荡。但创业实践中的一次次挫折使联想集团高管团队更加成熟，更加适应多变的经营环境。微软创始人比尔盖茨深知失败是成功的基础，他常常聘用在其他公司有过失败经验的人做助手，借用他们的经验教训使自己的公司避免重蹈覆辙。管理学大师彼得德鲁克认为，无论是谁，做什么工作，都是在尝试错误中学会经营管理的。经历的错误越多，人越能进步。

第二节　创业机会和创业模式培训

一、创业机会

（一）创业机会的识别

创业活动的实施首先是要经历创业思路、创业备选项目和创业商机三个阶段，

其中创业商机是关键。创业思路即通常说的"生意点子",是一种未经市场需求评价和竞争分析检验的生意性意念。创业备选项目是创业思路的具体化。而创业机会实际上是一种可能的未来盈利机会,这一机会需要有实体企业或者实际商业行动的支持,通过具体的经营措施来实施,以实现预期的盈利。创业机会的识别主要有以下几种途径。

1. 通过分析特殊事件发现创业机会

例如,2008年12月16日,我国大陆与台湾实现了大三通,这为大陆和台湾创业者提供了许多商机,包括旅游、农副产品贸易等。再如,2003年"非典"疫情对我国经济有很大的消极影响,但给生产喷雾器、消毒液、口罩、温度计的工厂带来了商机。

2. 通过分析矛盾现象,社会需要发现创业机会

社会需要是创业的前提,能够急社会发展所急,供社会发展所需的项目,容易取得社会的承认、帮助和支持。从社会需要出发发现商机,可以从政府或研究机构提出的鼓励发展的产业政策中、从社会问题中、从市场信息中、从社会调查中、从社会变化潮流中、从行业的交叉领域中、从市场空缺处发现创业商机,通过开拓社会需要创造创业项目。例如,欧元的出台是公开的信息,海宁一家皮革企业从中得到商机,生产适合欧元的皮夹,因为欧元与原来欧洲各国的货币大小有别,这家公司生产了大量适合欧元的皮夹,获得了很好的收益。

3. 通过分析生产程序、工作程序,经营程序发现机会

通过分析生产程序、工作程序、经营程序的改进,甚至管理方式、方法的改进,在现有的市场上寻找、发现创业商机。例如,通过改进生产环节,改进产品的性能,使价格更低、功能更多,开发新商机。再如,绕过分销,直接销售,降低生产和经营成本,实现创业。

4. 通过分析市场变迁趋势发现创业机会

市场变迁趋势是指某种产品、服务发展的潮流。例如,工业产品在农村的连锁超市经营方式就受到了市场的欢迎。

5. 通过分析人口结构及其变迁发展趋势发现创业机会

例如,老龄化的出现,使得在一些地区、地域专为老年人服务的商品、服务受到欢迎。此外,还可以通过分析、研究地域和气候特点选择有地域特色的创业项目。

6. 通过分析人们的思想观念变化及其趋势发现创业机会

随着技术变革,居住环境、职业结构变化,人们的思想观念也随之发生变化,研究分析、认识、把握这些趋势,能够为我们提供新的创业机会。此外,还可以通过分析、研究地域人口、习俗、消费偏好及其变化,选择符合地域习俗的创业

项目。

7. 通过分析知识、新技术发现创业机会

通过新知识、新技术的应用，为市场推出新产品、新服务。这种创业方式风险比较大，但竞争对手少，甚至没有竞争对手。如果时机选择得好，创业就容易成功。

8. 通过分析自己的特长和环境基础发现创业机会

具体来说，一是从自我优势出发发现商机。例如，从自我能力、特长、优势出发，根据自己的专业技术、个性特点、经验，在自己熟悉的行业扬长避短地选择项目。二是从自己的兴趣爱好出发发现创业机会。一个人的兴趣爱好常常是学习、工作的重要动力，兴趣爱好若与社会需要结合，创业热情就高，学习、工作的主动性、自觉性、积极性也高，创业就容易成功。

（二）创业机会的评估

创业本身是一种高风险行为，如果创业者能事先以比较客观的方式进行评估，那么许多悲剧结局就不至于一再发生。以下是针对创业机会的市场与效益方面提出的一套评估准则，为创业者评估是否投入创业提供决策参考。

1. 市场评估准则

（1）市场定位。评估创业机会的时候，可由市场定位是否明确、顾客需求分析是否清晰、顾客接触通道是否流畅、产品是否持续衍生等，来判断创业机会可能创造的市场价值。创业带给顾客的价值越高，创业成功的机会也会越大。

（2）市场结构。针对创业机会的市场结构进行6项分析，包括进入障碍、供货商、顾客、经销商的谈判力量、替代性竞争产品的威胁及市场内部竞争的激烈程度。由市场结构分析可以得知新企业未来在市场中的地位，以及可能遭遇竞争对手反击的程度。

（3）市场规模。市场规模大小和成长速度，也是影响新企业成败的重要因素。一般而言，市场规模大，进入障碍相对较少。反之，一个正在成长中的市场，进入障碍相对较多。但正在成长的市场通常也会是一个充满商机的市场，只要进入时机正确，必定会有获利的空间。

（4）市场渗透力。对于一个具有巨大市场潜力的创业机会，市场渗透力（市场机会实现的过程）评估将会是一项非常重要的影响因素。聪明的创业家知道选择在最佳时机进入市场，也就是市场需求正要大幅成长之际。

（5）市场占有率。从创业机会预期可取得的市场占有率目标，可以显示这家新创公司未来的市场竞争力。例如，要成为市场的领导者，最少需要拥有20%以上的市场占有率。但如果低于5%的市场占有率，那么这个新企业的市场竞争力就

不高，自然也会影响未来企业上市的价值。

（6）产品的成本结构。产品的成本结构可以反映新企业的前景是否亮丽。从物资与人工成本所占比重之高低、变动成本与固定成本的比重及经济规模产量大小，可以判断企业创造附加价值的幅度及未来可能的获利空间。

2. 效益评估准则

（1）合理的税后净利。一般而言，具有吸引力的创业机会，至少需要能够创造15%以上的税后净利。如果创业预期的税后净利在5%以下，那么这就不是一个好的投资机会。

（2）达到损益平衡所需的时间。合理的损益平衡应该能在两年以内达到，但如果三年还达不到，恐怕就不是一个值得投入的创业机会。但有的创业机会确实需要经过比较长的耕耘时间，通过前期投入创造进入障碍，保证后期的持续获利。在这种情况下，可以将前期投入视为一种投资，可以容忍较长的损益平衡时间。

（3）投资回投率。考虑到创业可能面临的各项风险，合理的投资回报率应该在25%以上。一般而言，15%以下的投资回报率，是不值得考虑的创业机会。

（4）资本需求。资金需求量较低的创业机会，一般会比较受投资者欢迎。事实上，资本额过高其实并不利于创业成功，有时还会带来稀释投资回报率的负面效果。通常，知识越密集的创业机会，对资金的需求量越低，投资回报反而会越高。因此，在创业开始的时候，不要募集太多资金，最好通过盈余积累的方式来创造资金。

（5）毛利率。毛利率高的创业机会，相对风险较低，也比较容易取得损益平衡。反之，毛利率低的创业机会，风险则较高，遇到决策失误或市场产生较大变化的时候，企业很容易遭受损失。一般而言，理想的毛利率是40%。当毛利率低于20%的时候，这个创业机会就不值得再予以考虑。

（6）策略性价值。能否创造新企业在市场上的策略性价值，也是一项重要的评价指标。一般而言，策略性价值与产业网络规模、利益机制、竞争程度密切相关，而创业机会对于产业价值链所能创造的价值效果，也与所采取的经营策略和经营模式密切相关。

（7）资本市场活力。当新企业处于一个具有高度活力的资本市场时，它的获利回收机会相对比较高。不过资本市场的变化幅度极大，在市场高点时投入，资金成本较低，筹资相对容易。但在资本市场低点时，投资新企业开发的诱因则较低，好的创业机会也相对较少。

（8）退出机制与策略。所有投资的目的都在于回收，因此退出机制与策略就成为一项评估创业机会的重要指标。由于退出的难度普遍要高于进入，所以一个具有吸引力的创业机会，应该要为所有投资者考虑退出机制，以及退出的策略规划。

二、创业模式

《科学投资》杂志对数百家企业进行统计发现,在创业企业中,因为战略原因而失败的有23%,因为执行原因而夭折的占28%,但因为没有找到恰当的赢利模式而走上绝路的却高达49%。可见,正确选择创业模式在成功创业过程中占据着十分重要的地位。

创业模式,又称商业模式,是指企业在较长的时间内维持稳定经营,并不断收获利润的规律性方法。创业模式可以借鉴,但一般不可以照搬。因为创业模式需要创业者根据自己实际情况加以改造,改造目标是为了获取利润。因此,创业模式在一定意义上也就是赢利模式。赢利的方法千差万别,但也存在一些共同的规律。常见的创业模式主要包括创办新企业、收购现有企业、特许经营、经销或代理、内部创业等。

（一）创办新企业

创办新企业是典型的创业模式,是指创业者通过实施自己的创业计划来创建一家新的企业。创办新企业与其他创业模式相比,存在更大的难度和风险,但创业者从中获得的成就感也是其他创业模式无法比拟的。创办新企业一般需要具有以下秘诀：

1. 广泛的社会关系

创办新企业时,由于创业者没有足够的资金实力,也很难请到高水平的人才,所以创业之初的生意来源很大部分是靠社会关系。有了广泛的社会关系,产品或服务就有了一个好的销售渠道。

2. 有预见性

对于创业者来说,要想成功就要寻求一个好的项目或产品。一般要考虑以下三点：一是该产品或项目要顺应社会发展的潮流；二是要与众不同；三是推广时不需要或只需要很少的市场启动资金。这就要求创业者有一定的预见能力,能够把握好市场的发展趋势,从而找到并占领某一市场缝隙。

3. 良好的信誉和人品

创业之初,创业者资金实力不够,只有依靠自己的人格魅力,才能吸引一批志同道合、愿意跟随的人。同时,由于经营规模小,商业信誉度不高,这时要用创业者的个人信誉和人品来担保。

4. 吃苦耐劳的精神

创办新企业的创业者只有依靠吃苦耐劳的精神,付出比竞争对手更多的努力和辛苦。多做一些工作,去感动客户,才能在竞争中取胜。

（二）收购现有企业

收购现有企业，是指收购一家正在运营的企业，该企业可以是赢利的，也可以是亏损的。以收购现有企业的方式创业，可以省去初创企业的一系列烦琐手续，直接对企业进行管理。但是，收购现有企业之前，创业者必须全面、深入了解该企业，避免盲目做出决策。

（三）特许经营

特许经营，或称加盟创业，是指特许者将自己所拥有的商标、商号、产品、专利（专有）技术和经营模式等以合同的形式授予被特许者使用，被特许者按合同规定，在特许者统一的业务模式下从事经营活动，并向特许经营者支付相应费用。

（四）经销或代理

经销是指创业者从其他企业买进产品再转手卖出，关注的是价差，而不是实际的价格。

代理是"代企业打理生意"的意思，不是买断企业的产品，而是厂家给额度的一种经营行为，货物的所有权属于厂家，代理商一般只赚取企业代理佣金或代理折扣。

（五）做指定供应商

全球化经济时代，社会分工越来越细，一件商品的生产和营销往往被细分为众多的环节，由此给配套生产者提供了机会。不仅大的、复杂的整机，如汽车、摩托车、家用电器等有众多的配套厂家；就连小型的商品，如桌椅、香烟、白酒、望远镜等，也有许多是分工合作的产物。这些配套厂家就像众星捧月般地守卫着上游厂家。它们起点低、利润薄，投资也少，恰恰适合于资金不足、经验缺乏的创业者。只要和上游厂家搞好关系，勤恳工作，保证质量，那么就可以借助这个平台，在短时间内完成创业过渡期和危险期。

替品牌厂家贴牌加工生产，是一种较为新型的合作关系。品牌厂家为了降低生产成本，或者为了腾出资源开辟新的经营领域，往往会将热销中的商品托付给信得过的加工厂商生产。贴牌生产目前不仅在跨国公司之间流行，一些国内驰名品牌或是区域性品牌也提供贴牌生产。正所谓：一流的企业卖品牌，二流的企业卖技术，三流的企业卖产品。当然，还有超一流的企业，他们卖的是标准。在这样一个品牌争先的时代，一个品牌的建立需要大量人力、物力的投入。但品牌一旦建立，即可以产生所谓的品牌效应，品牌本身就可以用来赚钱。加工商进行贴牌生产，要的就是品牌的声誉和消费者的认同。贴牌分为两种，一种是贴牌后自产自销,这叫借牌,需要交付贴牌费,一般只在区域市场销售;另一种就是产品生产出来后,交给原品牌所有者销售,也叫代工。前者风险大于后者,投入也大于后者,但贴牌资格比较容易取得,一般仅限于国内品牌,国际性大品牌很少采用此方式,创业者可酌情选择。

(六) 内部创业

内部创业,是由企业内部有创业意向的员工发起,在企业的支持下承担企业内部某些业务内容或工作项目,并与企业分享成果的创业模式。这种创业模式不仅可以满足员工的创业欲望,同时也能激发企业内部活力,改善内部分配机制,是一种员工和企业双赢的管理制度。由于有企业的资金支持及通畅的产品或服务营销渠道,内部创业的风险较小,成功几率较大。

(七) 兼职创业模式

1. 网上创业

网上创业的形式主要有两种,一是在网上开店,如在淘宝网、易趣网上开家自己的小店,或者建立一个专门的电子商务网站;二是利用信息的不对等获利,如有人专门为供求双方有偿提供信息。

2. 做代理商

做某个商品品牌的代理商,不需要占用正常工作时间,而且还可利用工作积累人脉,为代理的商品打开销路。

3. 从事咨询业

这是最常见到的种兼职创业类型。通常是在职者利用自己丰富的从业经验或专业技术进行创业。

4. 委托投资

适合那些拥有一定资金,但个人缺少精力或时间的创业者。选择这种方式的创业者需要注意以下两个方面,一是要选好项目,这个项目应该满足市场需求、市场优势、市场差异和美誉度这四个方面的要求。二是选好合伙人,诚信的合伙人是保证合作成功的根本。

第三节 创新创业能力的培训

一、提高创新创业意识

很多大学生往往不重视创新创业实践,这是因为大学前的教育告诉他们课堂上的东西是最重要的,课本学习比社会活动更重要。生活中处处有新知,大学生作为"七八点钟的太阳",应该在老师教学的第一课堂之外,积极开辟自己的第二课堂。只有首先具备了提高自身能力的意识,大学生们才会在课余思考实践的问题,才能投身到课余实践中来。课余实践的机会多了,才能结合理论产生创新思维,再利用创新思维指导实践,实现"知识到实践,实践到意识,意识再到实践"往复循环的认识飞跃。

二、参加实践活动提高素养

有了创新创业意识之后,大学生应该积极参与各个类型的实践活动,为自己创新创业积累经验材料。有效的实践活动主要有四种,如表6-2所示。

表6-2　实践活动

实践活动	定义
科研训练	在导师帮助下充分利用大学的实验室和科研资源进行科研训练,引导自身对于科学前沿的认识,提高实验动手能力
学科竞赛	主动参加学校或者教育部门组织的学科相关竞赛(如软件设计克挤、智能车设计比赛等)能极大地提高快速学习能力,并检验自身时间打理和项目安排的能力
素质教育	多参加读书会,借阅专业以外的书拓宽自己的知识面;积极参加文艺体育活动,如参加辩论队或演讲比赛,锻炼口才;培养一个兴趣爱好,如绘画、摄影、徒步等
实习培养	积极参加校外兼职活动,锻炼职业技能,了解盈利链的整个运作;参与产业基地或者公司实习,在拓宽社会资源的同时了解公司的资本运作流程

三、选择合适的创业实践方向

存了创新创业意识,广泛参与实践活动之后,大学生会对自身的优势和劣势、兴趣和短板有较充分的认识。然后可以结合兴趣和能力优势,选择创新创业相关的方向。在确定方向之后,要深入了解相关方向的理论知识,钻研相关方向的实践活动。例如对编程有兴趣的大学生,可参加多个软件编程项目组,边完成项目边巩固编程知识,达到事半功倍的效采;而对学科前沿知识有热情的大学生,可积极联系导师,争取进入实验室的机会,学习实验方法和科研技巧等。大学生要学会合理安排好校内学习和课余钻研的时间,在项目中学习在学习中进步。在一个方向上积累了足够的经验,就可以准备自己创新创业的课题了。

四、在项目中锻炼职业技能

大学生应该充分利用项目的机会锻炼职业技能。一般而言,大学生都是通过尝试不同的实践活动最终确认创新创业实践的方向，然后在这个方向上经过长期的理论准备和反复实践。例如以科研为目标的同学，要在项目中锤炼出科学精神，打好理论基础，学会写合格的研究文献；参加软件硬件项目的同学，可总结自己在项目中的实践经验，提高动手能力和项目开发水平，缩短就业时的实习期；在项目中负责营销和对外联系的同学，要总结好自己项目管理和对外公关的经验，为将来从事同类型的工作打下基础。

第四节　创业资源整合

学生创业一方面可以解决自身的就业问题，获得精神和物质上的满足，另一方面还创造了更多的就业机会，有助于带动其他人员就业，降低社会失业率。为促进大学生自主创业，国家及各级政府出台了一系列优惠政策，涉及融资、开业、税收、创业培训、创业指导等诸多方面。这些优惠政策在一定程度上鼓舞了大学生的创业热情，增强了大学生的创业意愿。

创业需要人才、知识、技术、资金等各种条件。大学生在知识、人才、技术等方面具有优势，而资金是他们创业最为薄弱的环节。

一、大学生创业资金筹集的难点及原因

（一）创业项目缺乏新意与吸引力

创业项目决定创业成败，好的创业项目能在市场竞争中占据主动地位，没有新意的创业项目则会成为"无根"项目或缺乏吸引力。这些问题主要表现在以下几个方面。

（1）大学生创业项目科技含量低，缺乏创意，大多数以服务型创业、生存型创业为主，如快餐店、食品店、加盟连锁等，这类创业项目规模较小、形式单一，容易被同类竞争淘汰，并且投资回报率较低。

（2）创业项目缺乏真正的商业前策。很多大学生对自己项目的市场预测过于乐观，没有进行认真细致的市场调查，创业项目缺乏实际可行性和良好的市场前景。

（3）创业项目的投资回报周期长。投资人比较喜欢"短、平、快"的项目，而很多创业大学生的项目存在"理想成分多、前期投入大、资金回流时间长"等问题，造成投资人的投资意向明显下降。

（二）创业政策体系缺乏支撑和系统性

当前，各级政府、社会和高校对大学生创业倾力关注，尤其是在创业专项基

金、创业孵化基地、创业贷款政策等方面给大学生提供了很多支持和帮助。但许多鼓励大学生创业的政策，随意性较大，缺乏支持和法律保障，同时持续性不够，主要表现在以下几个方面。

（1）创业政策缺乏专门机构的统一管理。政府帮扶大学生创业的优惠政策散布于各个部门，如教育部、人力资源和社会保障部、共青团中央、市场监督管理局等多个部门都出台了扶持大学生创业的相关政策，但是这些政策因没有专门机构进行整合，政策效力明显减弱。

（2）创业政策缺乏科学合理性。从现有相关部门出台的创业政策来看，多为指导性的思想和方针，缺少简单可行的具体实施细则。另外，许多中央和地方部门出台的大学生创业政策也多以"通知""意见"等形式出台，缺少一定的法律效力。

（3）创业政策缺乏协调。如教育部侧重于从毕业生就业的角度来制定创业政策，共青团中央倾向于从培养高校学生创业意识和能力的角度来开展创业活动，市场监督管理局侧重于减免税收来帮扶大学生创业，人力资源和社会保障部则倾向于提供创业孵化场地来扶持大学生的创业活动。总体而言，创业政策之间因缺乏协调导致保障效率降低。

（三）创业融资缺乏渠道和操作性

目前，大学生创业资金来源主要依靠内部资金支持和外部资金支持，内部资金支持主要以父母、亲朋好友的资助和个人积蓄为主；外部资金支持则以银行小额信贷、创业扶持基金、风险投资基金等为主。内部资金支持金额少，方式较为简单；外部资金支持金额较大，但受限条件较多，主要表现在以下几个方向。

（1）银行贷款门槛高。由于我国金融信用体系不完善，特别是没有独立良好的大学生信用体系，因此大学生很难以自身信用获得银行贷款。另外，大学生的初创企业项目规模小、还款能力弱，而银行历来有"重大轻小"的规说歧视，常常设置较高的创业贷款门槛，导致许多学生的硬件条件达不到规定要求，从而望而却步。

（2）创业基金申请条件高。我国还没有建立全国性的大学生创业基金，地方政府和高校设立的大学生创业基金还处在发展阶段。一些地方政府和高校虽然设立了小规模的创业基金，但申请的条件较高，如很多创业基金要求学生创业项目需要具备一定的科技创新技术、场所面积、团队人数、行业要求等。

（3）风险投资少。在西方发达国家，大学生创业资金的重要来源主要依靠风险投资（风险投资是指专业投资人为快速成长且具有很大升值潜力的新兴公司提供的企业发展资金）。风险投资引入中国的时间较短，社会风险投资市场也不够成熟，现有的比较成型的天使投资公司仍然较少，创业投资资金也就更少，难以满足众多大学生创业者的资金需求。

二、解决大学生创业资金筹集的对策

创业资金不足，再好的创业项目都是空谈和空想。创业项目的实施取决于创业团队是否有充足的创业资金，因此大学生创业进路上首先要解决的就是创业资金问题。根据上面的原因分析，解决大学生创业资金筹集困难的问题，必须从以下几个方面着手。

1. 自筹资金

对于大学生创业者来说，由于其处在起步阶段，贷款能力有限，因此相当一部分资金需要依赖自有资本。如向亲戚、朋友、同事、同学等借钱。这是一种最简便可行的方式。

但是，在自筹资金的过程中，创业者必须注意以下几个问题。

（1）无论亲戚朋友给予的资金有多少，原则上，经营事业必须保证创业者自身拥有主导权，也就是说，创业者自己应该拥有最大的股权；否则，创业者在企业经营过程中就由于过多地受到他人的制约而缺乏魄力。所以，创业者要想事业顺利，自己就必须拥有足够的资金，这是创业者首先必须具备的经济观念。

（2）创业者必须是具备"储蓄性格"的人。那些下个月的薪水还没有领到、这个月薪水就花光的人，或是到处向人三千、两千借钱的人，都不够拥有自己经营事业的资格。现在，这种"储蓄性格"也是很多银行在贷款给用户的时候事先考察的一个项目。具备"储蓄性格"的人，自然就具备了偿还能力，这就是所谓的信用基础。所以，每个月能够坚持储蓄一部分资金的人，两三年间就能积累一笔不少的资金了。这样，不仅自己有了比较充足的资金储备，而且也能为顺利地从亲戚朋友那里借到钱，打下了一个良好的信誉基础。

2. 合伙入股

创业社会化是一种趋势，由于一个人往往势单力薄，所以几个人凑在一起会更有利于创业资金的筹集。另外，合伙创业不但可以有效筹集到资金，还可以充分发挥人才的作用，有利于对各种资源的利用与整合。对于资金力量不够雄厚的大学生创业者来说，这种合伙经营的方式还可以有效地分散风险，即如果创业不成功，由此带来的风险会由几个人共同分担，相对一个人创业来说个人的损失就要小得多。

虽然合伙投资可以解决资金不足的困难，但也应当注意以下的问题。

（1）要明晰投资份额。大家在确定投资合伙经营时应确定好每个人的投资份额。平分股权的方式并不一定是最好的选择，因为如果平均进行股份额度分配，必将导致各股东之间权利和义务的相等，这样反倒不利于分工和明确责任，从而会使主要经营目标难以实现，为以后的矛盾埋下祸根。

（2）合伙人之间必须加强信息沟通。很多人合作是因为感情好，"你办事我放心"，相互信任。但假如因此而不注意沟通交流，很容易产生误解和分歧，不利于合伙基础的稳定。

（3）要事先确立章程。俗话说："没有规矩，不成方圆。"经营企业就应该"亲兄弟明算账，把丑话说在前头"，不能因为大家感情好，或者有血缘关系，就没有企业章程。章程是行为准则，是经营依据，没有它也就没了依据，是合作的大忌。

3. 银行贷款

国家信息中心的一项调查表明，如今筹资问题已经成为个人创业的首要热点，80%以上的创业者由于不知道怎样贷款，或根本就不敢向银行贷款，而与"大好商机"擦肩而过。

对于大部分创业者来说，银行贷款是最为传统的筹款方式。目前能够为中小企业提供贷款的银行主要有四大国家银行；同时，光大银行、广东发诚银行、中信银行等金融机构也纷纷推出了专为个人创业者打造的贷款品种。这些举措都将使个人创业者的资金筹集问题变得越来越简单。而且近几年国家各项政策都鼓励、支持在校大学生创业。所以，对普通创业者来说，根据自身情况科学地选择适合自己的贷款品种，将会使创业变得更加轻松。

4. 寻求风险投资

所谓风险投资是指对处于创业期和成长期的中小企业进行股权或债权投资，并参与企业管理，以获得较高的回报。调查结果显示，我国专门从事风险投资的金融机构已超过400家，此外，还有一些大企业、大集团也在进行风险投资，风险投资已逐渐成为普通创业者获得资金的一种方式。

那么，创业者有了好的开发项目，如何获得风险投资呢？

第一步：拟订好经营计划书。在拟订经营计划书时，需要注意以下几点：

（1）尽量详细描述产品的市场规格和前景；

（2）拟订经营计划书时详尽介绍产品独特之处，如技术上的先进性、工艺上的可行性、质材料获取的经济性，并结合产品市场前景，初步估算出产品的经济效益，做好财务预测；

（3）将经营计划书撰写完美。

第二步：寻找风险投资者。

第三步：风险投资合同的谈判。

很多创业者可能生平第一次参加这样的谈判，所以，在谈判过程中要对谈判技巧和法律细节多加关注。

5. 争取政策性扶持资金

作为国民经济中重要组成部分的中小企业，由于受到资金和规模的限制，经常会在企业发展过程中遇到各种困难。因此，我国各地政府每年都会拨出一些资金以支持大学生创业，支持他们的企业正常发展。

6. 自力更生，自主发展

对于很多创业者来说，顺利解决创业后的后续资金问题，无疑是一个至关重要的问题。若解决不好，可能会导致自己辛苦创立的事业前功尽弃。虽然通过前面几点的论述我们知道，创业者获取资金的途径有很多种，但它们并不一定对每个创业者来说都有效。所以，拓宽思路，积极发掘自身内在的潜力，发展多种途径，靠自己的力量，对创业者来说恐怕还是最直接，也是极有效的筹措资金的办法。

第七章 高校创新创业工作仿实训研究

大学生在进行创业的过程中应按照一定的程序进行，如在进行市场需求分析的基础上进行准确的目标市场定位，进而组建创业团队、搜集创业信息、制订创业计划、筹集创业资本、开办创业企业等。本章就对大学生创业的基本程序进行具体分析。

第一节 高校创新创业流程培训

一、分析市场需求

（一）市场需求的含义

市场需求是指：一定的顾客在一定的地区、一定的时间、一定的市场营销环境和一定的市场营销方案下对某种商品或服务愿意而且能够购买的数量。市场需求是消费者需求的总和，主要有两个构成要素：一是消费者愿意购买，即有购买的欲望；二是消费者能够购买即有支付能力。两者缺一不可。

例如目前以婚庆服务、婚纱摄影、婚礼用品、婚庆产品为代表的婚庆行业逐渐形成，据统计，上海2017年登记结婚人数为108691对，除去购房，相关消费三百多亿元，一般每对高于30万元以上。每年的黄金周，更是结婚高峰期。

与婚庆相关的产品、服务已构成庞大的产业链，形成了一个产业——婚庆经济产业。截至目前，全国市场中与婚庆相关的产业链已有四十多个门类，如婚礼婚宴服务、婚纱设计、婚纱首饰、房地产、房屋装修、保险、金融、旅游业等。目前，全国每年因婚庆而产生的消费已高达9000亿元。

（二）影响市场需求的因素

市场需求总量是一个多变量的函数，它的影响因素主要有以下几个。

1. 产品

市场需求量的预测需要确定产品种类的范围，否则就难以衡量和说明市场的大小。例如，一个金属果盒，制造商必须明确它的市场是限定在金属果盒用户范围内，还是包括塑料、瓷器等在内的全部果盒用户。

2. 顾客

市场需求的衡量可以针对整个市场或任何细分市场，如服装制造商需要明确其市场是针对儿童还是妇女，或是所有顾客。因此，确定目标顾客的范围将会影响对市场需求的预测。

3. 地理区域

市场需求的衡量必须明确界定地理边界。例如汽车销量预测是指北京、上海、全国还是全世界的用户购买量。

4. 时限

市场需求的衡量应该有一个时限，如一年、五年或更长时期。一般来说，由于影响市场需求因素的不确定性预测的时间越长，其准确性就越差。

5. 营销环境

在预测市场需求时，必须详尽地列出从人口统计、经济、技术、政治、法律和思想文化等方面所做的假设。

二、定位目标市场

目前，许多企业都开始从事目标化经营，为目标市场提供更完美的产品或服务，把一个或几个细分市场作为其服务的目标市场。进行目标市场定位，可从以下几个方面入手。

（一）市场细分

1956年，美国市场学家温德尔史密斯最早提出了市场细分的概念。市场细分是指营销者通过市场调研，依据消费者的需求和欲望、购买行为和购买习惯等方面的差异，把某一产品的市场整体划分为若干消费者群的市场分类过程。每一个消费者群就是一个细分市场，每一个细分市场都是由类似需求倾向的消费者构成的群体。

（二）选择目标市场

目标市场选择是指在对每个细分市场的吸引力程度进行评价的基础上，选择进入一个或多个细分市场。

1. 评价细分市场

评价细分市场是指企业对各个细分市场进行评价,并确定具体的细分市场作为服务对象的活动。企业在评价各种不同的细分市场的时候,必须考虑以下三个重要因素。

首先,细分市场的规模和增长程度。企业必须首先收集和分析各类细分市场的现行销售量、增长率和预期利润量。企业只对有适当规模和增长特征的市场感兴趣。

其次,细分市场结构的吸引力。细分市场可能具备理想的规模和增长速度,但是在利润方面还缺乏吸引力。企业必须查明影响细分市场长期吸引力的重要结构因素,包括竞争对手的压力、替代品的威胁、客户议价能力等。

最后,企业目标和资源。即使某个细分市场具有合适的规模和增长速度,也具备结构性吸引力,企业仍需将本身的目标和资源与其所在的细分市场的情况结合在一起考虑。

2. 选择细分市场

根据各个细分市场的独特性和公司自身的目标来选择,常见的有密集性市场营销。

密集性市场营销是指公司将一切市场营销努力集中于一个或少数几个有利的细分市场。一般而言,实力有限的中小企业多采用这种市场策略。例如,高考结束后,不少家长都会带着考生外出旅游放松,这时一些旅行社便会推出对考生优惠的营销策略,以吸引这类群体。

(三) 市场定位

如何让消费者在众多产品中将本企业产品优选出来,并且对本企业产品产生高度的信任感,这就要提高市场定位。例如著名洗化品牌——舒肤佳。当我们每个人提到舒肤佳的时候,脑海里的第一反应是:除菌。主要原因是企业通过一定的营销运作赋予了产品一定的个性、特色。而恰恰是这种特色与品牌塑造,使得企业产品能够区分于其他同类产品,市场定位做得好可以促进企业的长足发展。

市场定位是企业所选择的目标市场中将企业的产品、品牌、服务定义成与众不同的个性,这个个性是符合产品特色的,也正是这个特色使得本企业的产品能够区分于其他企业。

三、组建创业团队

一个好的管理团队对企业的成功具有举足轻重的作用。创业企业的发展潜力与创业团队的素质密切相关,好的团队可以增强创业团队的市场竞争力,使得创业团队立于市场不败之地。

（一）组建创业团队的条件

如何组建高绩效团队是每个创业者必须面临的问题，组建团队有五个必不可少的关键因素，具体如下。

1. 每个团队必须有一个灵魂人物

他是团队的定海神针，而且必须是单一的核心，如果大家都很平均，没有核心，那么形成股份公司后股权也较为分散，这就人为地为以后的发展留下隐患。

2. 合伙人之间的彼此信任

彼此的信任是团队攻坚克难的必不可少的因素。信任能让团队拥有1+1大于2的力量，因此，缺乏信任就会引起掣肘、内耗，这样的团队必然会被淘汰。

3. 打造具有互补性优势的团队

互补性团队比相似性团队要好，就像一支足球队前锋、中场、后卫，每个人都有自己的定位。一个团队里没有一个人的能力是足够全面的，没有一个人能拥有各方面的资源，所以，一个互补性强的团队组成的创业队伍是比较完善且有较强竞争力的。

4. 创业团队成员应该是各自领域内的专业人士

创业团队成员宁缺毋滥，团队里的每个人都必须要有专业特长，能在各自位置上真正发挥作用，因为创业初期，每个合伙人都是会负责相应的核心业务，如果合伙人的能力不强，就会影响团队的整体水平。

5. 必须有共同的理念

创业团队的成员必须具有共同的创业理念。因为团队的最佳组合方式是基于共同的理念，这也是企业文化的基石，只有合伙人的理念相同才能让企业在发展的路径中取得一致。不然，可能最终会不欢而散，宣告创业团队组建失败。

所有的企业都有其出生、成长、衰退的过程。一个创业团队更是如此，每个人必须意识到如何组建团队、使其持续成长，这是创业准备期组建团队的关键因素

（二）组建创业团队的程序

组建团队是一个系统的工程，创业者在有了创业想法之后，就需要按照以下程序组建创业团队。

1. 撰写创业计划书

通过撰写创业计划书，进一步使自己的思路清晰，也为寻找合作伙伴奠定基础。

2. 优劣势分析

认真分析自我，发掘自己的特长，确定自己的不足。创业者首先要对自己正在或即将从事的创业活动有足够清醒的认识，并使用SWOT（优劣势）法分析自己的优点与缺点、性格特征、能力特征、拥有的知识、人际关系以及资金等方面的情况。

3. 确定合作形式

通过优劣势分析，创业者可以根据自己的情况，选择有利于实现创业计划的合作方式，通常是寻找那些能与自己形成优势互补的创业合作者。

4. 寻求创业合作伙伴

创业者可以通过媒体广告、亲戚朋友介绍、各种招商洽谈会、互联网等形式寻找自己的创业合作伙伴。

5. 沟通交流，达成创业协议

找到有创业意愿的创业者后，双方还需要就创业计划、股权分配等具体合作事宜进行深层次、多方位的全面沟通。只有前期进行充分的沟通和交流，才不会导致正式创业后因沟通不够引起迅速解体。

6. 落实谈判，确定责、权、利

在双方充分交流达成一致意见后，创业团队还需对合伙条款进行谈判，明确责、权、利。

四、收集创业信息

信息是联系消费者、客户、公众和创业者的纽带。在创业的前期阶段，信息对创业者来说至关重要。因此，大学生创业者必须重视创业信息的搜集。

（一）创业信息的内容

创业信息的搜集可从创业市场信息和创业环境信息两方面展开。

1. 创业市场信息

创业市场信息具体包括以下内容。

（1）市场可行性方面的信息

搜集市场可行性方面的信息，主要是为了了解市场规模，分析市场前景。市场调研是创业的前提，如果市场调研未做好，那么创业团队也无法准确定位，定位出现错误对创业来说是致命的。所以必须认真对待，细致分析，了解市场潜力通常要考虑人口的数量、购买力和购买欲望，同时也要了解当前市场的饱和度以及各品牌的市场占有率等。通过谨慎的科学比对后，做出正确的创业选择。

（2）市场竞争信息

竞争是商战中最具有战略性的因素，也是创业者必须时刻密切关注和进行调查的内容。总体来讲,创业者应该了解行业竞争的整体形势,具体来讲,主要指市场上存在着多少竞争品牌,它们分别是什么,各种竞争产品的特点,在市场中所处的位置市场推广、促销手段和价格策略,以及不同的产品在满足消费者需求方面的优势和劣势等。通过竞争分析,创业者才能做到"知己知彼"。

(3)产品信息

创业者必须了解自己要提供的产品在消费者心目中是什么样子的,产品的哪一方面特点最为突出等问题。这方面的信息直接服务于自己的品牌定位决策。创业者还要搜集自己将要提供的产品在造型设计、性能等方面存在的优点和不足,评估其是否符合市场目标对象的要求,产品是否需要改进等方面的信息。同时应当了解自己要提供的产品有什么新用途、应采取何种原料、保养等方面的信息。

(4)价格信息

了解市场中各竞争品牌以及各种产品类型的定价;探究价格在品牌选择中的重要性,定价策略对产品销售的影响;分析消费者对价格的弹性要求、对价格变动的反应以及价格的理想点,找出有利于促进产品销售的定价策略等。

(5)消费者信息

消费者是市场的主要参与者,是产品的最终购买者。创业者要想获得成功就必须了解消费者的需求和偏好,使自己的产品能够获得消费者的认可。因而,对消费者行为的研究是市场信息搜集工作的重中之重。

(6)特定市场的特征信息

在商品竞争激烈的环境下,一种产品往往只能占有相当有限的市场份额。对产品所占市场的特征进行分析,有利于创业者采取针对性的措施来稳固市场和开拓市场。

辰辰是一名大学毕业生,父母期望他回到老家工作,并且已经为他安排了教师的工作。可是辰辰认为自己有朝气、有闯劲想在大城市拼搏一回,于是他推掉了父母安排的工作,选择在大城市创业。由于辰辰急于向父母证明自己的能力,在创业初期并未做到细致、谨慎、认真的市场调查,并未对市场分析情况了如指掌,而是看到学校门口卖绿豆饼的生意十分火爆后,急忙向父母借投资款,并承诺一年内就会还清。父母告诫辰辰投资创业急不得,要理智、冷静地进行市场分析才能够有十足的把握,但是辰辰误以为父母不支持他的想法,一气之下,请同学担保进行了小额贷款,终于将专营绿豆饼小食店开起来了。可是令辰辰不解的是,自己的店面位置好,小店内精心布置了一番,每天的卫生也搞得十分干净整洁,但是来光顾的顾客却是寥寥无几。同学们好像根本没关注到他这家小店一样。到了月底,辰辰进行盘点,发现收入与支出严重失衡,也就是说,到现在为止,辰辰的收入还不够每天的房租、水费、电费等基本开支。勉强支撑三个月后由于资金问题，辰辰不得不将小食店关闭，第一次创业以失败告终。

辰辰十分不解，也非常灰心，他不明白为什么会出现这样的情况，于是他问其他同学，为什么不来自己的店里购买绿豆饼，其他同学直言不讳地说，因为你做的绿豆饼味道不如另外那一家，而且那一家老店已经在学校门口经营二十余年了，有很多老顾客。你的店里虽然干净、环境好，可我们想吃的是美味的绿豆饼，对环境没有那么高的要求。听了这些话，辰辰恍然大悟。

辰辰失败的原因是：没有做好市场调查和市场预测。选择创业项目一定要有自己的特色，辰辰的失败是在项目选择上，他选择的项目没有很大的市场潜力，同时该项目已接近市场饱和，缺乏发展潜力。辰辰在清楚了自己失败的原因后，他劝那些想创业的人，在准备创业的时候，一定要学会一些必要的技能，如市场营销、市场调查等。辰辰说他最大的失败是没有认识到自己应该学习之后再去创业，以至于盲目跟风，导致创业失败。

2. 市场环境信息

市场环境分析主要是为了对现有市场条件、创业者所不能控制的外部环境因素可能带来的影响有一个深刻的认识。市场环境主要包括文化环境、行业需求、原材料供应商等内容。

（1）文化环境信息

文化环境是影响顾客购买决策的重要因素之一，正是社会文化环境的复杂变化才引发消费需求、购买动机和购买行为的复杂性和多变性。创业者要搜集的是所在地整体消费的社会习惯、生活准则、价值观念、民族风俗等与产品销售有关的文化环境因素方面的信息。企业可以从民族风情、民间习俗，以及消费者心理的角度进行调查分析和预测。

（2）行业需求信息

我们都知道，研发产品是为了满足市场需求，更是为了满足消费者的需求，消费者对产品需求度越高企业效益自然越好。因此，在进行创业之前，对研发产品的行业需求的调研必不可少，只有充分掌握行业需求的数据、产品的饱和度等基本信息，才能够"对症下药"进行系统的产品研发，否则就像无头苍蝇一样，东碰西撞，那么注定无法研发出最适合市场与消费者的需求的产品。

（3）原材料供应商的信息

众所周知，众人划桨开大船，对于创业来说也不例外，因为一个创业团队不可能将所有的事情都大包大揽地完成，比如，在设计产品后，提供产品原材料工作几乎都需要寻找专业的原材料供应商来完成，以保障材料的质量与数量。那么对原材料供应商信息的收集就需要专人来完成，因为供应商所供应的材料的品质、规格、企业口碑等内容都是值得创业者关注的。如果与一家口碑差、曾经以次充好，没有信用的供应商合作，对创业企业来说就会产生不可估量的损失，将创业者辛苦创立起来的良好口碑瞬间摧毁。可以说，运用所获得的信息资源，并对这些要素进行认识及评价，将会对创业企业的运作及其成功提供强有力的支持。

（二）搜集创业信息的程序

创业者在搜集创业信息时应按照以下程序进行。

1. 明确研究的目的

对创业者来说，开始搜集市场信息的最有效方式是准备一份信息搜集的清单。这份清单的内容要包括同类产品的市场份额如何、同类产品是否已经达到饱和状态等内容，只有这样才能做到知己知彼百战百胜，不会盲从、不会跟风，以免使自己的前期投入付之东流。

2. 从第二手资料中搜集信息

对创业者来说，最明显的信息来源是已有数据或第二手资料。所谓二手资料是指经过编排、加工处理的数据，如利用互联网进行数据调研。近年来，通过网络进行数据调研是一种时尚和潮流，互联网可以提供有关竞争者和行业的深层信息，创业者可以基于互联网从很多方面获得有关的信息，并可以对其加以拓展作为搜集第一手资料以及购买第二手商业资料的一种方式。在考虑第一手资料和商业信息资料之前，创业者应该尽其所能获取所有免费的第二手资料。

3. 信息搜集结果的分析和汇总

在获取了足够的资料之后，创业者就可以着手进行有关的分析研究。如果在分析研究中发现资料仍不充分，就有必要进一步采集所需的有关事实状况的数据资料。

五、制订创业计划

创业计划是创业者敲响投资大门的"敲门"也是创业者必须经历的一个步骤。

（一）创业计划的作用

创业计划在创业过程中发挥着重要的指导性作用，主要体现在以下几点。

1. 明确创业方向和目标

创业者将自己的创意以创业计划的形式表现出来，可以冷静地分析自己的创业理想是否真正切实可行，清醒地认识自己的创业机会，明确自己的方向和目标，进而规划创业蓝图。

2. 安排创业活动

创业计划的内容涉及创业的类型、资金规划、阶段目标、财务预估、行销策略等所有的创业活动。这些都要充分体现在创业计划书中，不能有所遗漏，不能以敷衍的态度对待这项工作。

3. 寻求外部资源支持

制订创业计划可使创业者发现所必需的资源，了解所需资金、设备、人员等各方面的情况。当创业者自身创业资金不足，需要寻求他人投资或者其他经济、技术支持时，一份完备、详细的计划书可以充当"介绍者"，帮助潜在投资者了解创业者的整体规划，评估项目价值，然后再决定是否投资或提供技术支持。

（二）制订创业计划的步骤

1. 创业构思

在进行创业构思时，具体可从以下几个方面入手。

（1）市场机遇与开发谋略

社会面临的问题、准备开发的产品或服务以及产品或服务的潜在销售额、创造销售额的方式等问题都是创业者需要考虑的。

（2）产品与服务构思

如何做好产品和服务是创业者在确定创业主体后应该考虑的主要问题，因为创业产品终究是要走向市场接受消费者考验的，如果不充分考虑消费者的使用感受，那么就无法为消费者提供恰当的、合理的产品服务，消费者自然不会产生购买欲望。

2. 市场调研

市场调研主要是为了更好地了解所要进入的市场的环境。

（1）行业环境分析

迈克尔波特的五种力量模型较好地反映了创业企业的行业环境因素。可以利用五种力量模型来分析行业环境，这五种力量分别是潜在进入者、现有市场的竞争、替代产品、供应商和购买者。

①潜在进入者

潜在进入者可能拥有新的生产能力，获取大量的资源和市场份额。他们会对创业企业造成威胁，但行业中也存在壁垒阻碍潜在者的进入。创业者评价潜在进入者的威胁就需要评价可能存在的进入壁垒，它们分别是现有企业已经被认可和接受的产品、巨额的资金需求、高额的转换成本、获得产业已占领的分销网络的可能性以及政府准入、限制政策。

②现有市场的竞争

如果要考察现有市场的竞争强度就需要评价产业内竞争者的数量、产业增长速度、竞争对手及自身的产品或服务特征、竞争对手和自身固定成本的多寡比较、生产能力比较、自身的退出壁垒高度等。需要注意的是，评价要采取动态的方法，了解随着时间的推移这些因素会有哪些发展变化。

③替代产品

替代产品就是那些看起来不一样,但能够满足同样需求的其他产品。比如说洗涤产品,消费者可以选择使用奥妙洗衣液,也可以选择使用雕牌皂粉,影响产品替代作用的主要因素是产品转换成本。

④供应商

为创业者所在行业提供产品和服务的供应商的数量、特点和态度都是要评价的因素。供应商供应产品质量的好坏是创业者关注的第一件事情,在同等条件下,性价比越高,应用范围可能就会越广。供应商供应产品的特点和双方合作的态度则关系到相互关系的稳定性和融洽程度,也关系到创业者超过竞争对手取得与供应商良好合作关系的难易程度。

⑤购买者

对购买者的评价包括购买者的数量、特点和态度。购买者的数量决定了其在商务谈判中的地位并影响行业的竞争程度。购买者的特点影响企业的竞争方式。购买者的态度,体现在品牌忠诚度、满意度等方面,决定着创业者进入这个行业竞争的难度。

(2) 市场调查的内容

进行市场调查具体可从以下几下方面入手。

①现有企业调查

如果创业者对自己的创业方向有一个大概的确定,此行业内的现有企业是创业机会的另外一个来源。创业者对现有行业内企业的产品或服务进行跟踪、分析和评价,发现现有企业产品或服务存在的不足,从而有针对性地找到更加高效的改进方法,或者寻找行业内现有企业尚未涉足或者比较薄弱的领域。

创业者不仅可以在现有企业的市场中寻找创业机会,而且可以发现其他领域的相关创业机会。一家汽车维修企业,往往给这个地区提供了零部件和物流产业的发展机会;一家商场的开业,往往意味着周边电影院、餐饮业、娱乐业等行业的商机。

②消费者调查

消费者是企业产品需要面对的最终购买者,直接到消费者中间去,让消费者表述自己的观点,了解和分析消费者的需求,是创业者需要做的重要一步,也是创业机会的重要来源。很多企业自以为很了解他们的消费者,实际上却往往以自己的感受代替了消费者的感受,或者以点带面,不能全面地、客观地分析消费者的需求,导致自己的产品不对路。相反,另外一些企业或创业者就通过和消费者的交流获得了一些出其不意的商机。

创业机会好不好，产品有没有市场，消费者最有发言权，创业者需要对不断变化的消费者需求保持足够的敏感，对不断涌现出来的新生消费者的需求快速识别。创业者需要学会从消费者对产品的评价甚至抱怨中获得创业的思路。很多创业者之所以能找到创业机会，只是在日常生活中留意到身边人的需求。因此，创业者应深入消费者之中，对身边任何人的需求保持一份敏感，这是获取创业机会的重要源泉。

③销售渠道调查

很多企业由于条件限制，并不能切实地了解消费者需求，而分销渠道直接和消费者接触，对消费者和市场的了解程度远远高于企业。分销渠道是企业和消费者之间的桥梁，是企业产品推向市场的直接通道，创业者不仅能从它那里获取消费者的信息，而且可以依靠它推广自己的产品，很多新产品的推广工作就是由分销渠道进行的。保持和分销渠道的密切关系，有利于创业者获取第一手市场信息并提高在市场开拓上的效率。特别是创业者对进入的行业没有太多经验的时候，分销商还能起到参谋的作用，很多创业的好点子都是通过对分销渠道的调查得出来的。

④政策环境调研

传统上政府并不参与市场，但企业的经营是处于政府的种种法规管制之下的，很多市场也受到政府政策的影响。一方面，创业者可以通过查询在政府部门注册的相关专利发现值得开发的创业机会；另一方面，可以通过了解政府对相关产业的政策法规及其变化发现商机。

在我国，由于缺乏中介机构，专利管理部门拥有大量的专利技术信息，创业者对这些专利技术的需求只有通过政府才能解决，政府部门很多时候充当了企业家和研发者之间的桥梁，很多政府部门都定期或不定期地举办一些项目推介会或者提供一定的平台供创业者查询技术专利。而在美国，专利部门每周还出版专利目录，创业者可以通过这个目录了解最新的技术成果，寻找适合的创业机会。随着中国专利部门服务意识的加强，相关信息服务也在不断完善。

在我国，政府部门是创业机会的重要来源，政府制定法规和各种发展规划，有时对企业的发展起着决定性作用。相关政策的变化，往往意味着创业机会的出现。

3. 撰写创业计划书范例

创业计划书撰写示例

创业项目：布艺设计会所创业

（1）项目简介

色彩点亮布艺，布艺点亮生活，布艺设计会所为您的生活增色添彩。从丝绸之路到唐人街，从米兰到东京，人们已经把服装看作布艺品，而且现在布艺品已经广泛应用于家居的装饰，成为我们生活的必需品。布艺品设计的需求越来越多已是不争的事实，那么，如何让我们的服饰、家居用品等其他装饰布艺品（十字绣、刺绣、针织饰品等）更舒服、更具有个性呢？

（2）基础服务

布艺设计会所为您提供创作发挥的空间，提供创作布艺品所需的一切材料、缝纫器械，使您在舒适的工作室内完成自己的服装、家居用品（窗帘、沙发套、被单、桌布等）、十字绣、刺绣、针织饰品的设计制作或改造。我们将进行专业的指导培训，和您一起花样大翻新，保证您快速、愉悦地完成制作。如果您没时间自己完成布艺品制作，可以由我们的技术人员按照您的意愿在最短时间内帮您完成布艺品。

（3）特色服务

我们为儿童设有特殊服务区"儿童布艺乐园"，使家长可以和孩子一同感受创作乐趣，培养孩子的耐心和创新能力。为有天赋的孩子提供广阔的平台，也让家长有更多的时间和孩子在一起。

布艺设计会所为旧衣物的再次利用、多次利用提供技术支持，实现人们的环保梦。旧衣物改造打折收费鼓励变废为宝。在这里能实现您对布艺品的所有设计制作的愿望。

（4）市场机遇

市场需求：①很多人家里有许多布料很好的衣裳，只是样式过时了，或短小了，不想就这样丢掉，所以希望修一下，将旧衣裳变成自己喜欢的模样。尤其是一些年轻妈妈希望能把一些旧衣服裁剪了给孩子穿，但目前修衣摊修改衣服的效果并不好；②市场上购买的衣饰不符合自己的心意，满足不了对个性时尚的追求，再加上市场上的服饰总是或多或少存在一定不足之处，所以有些人想自己设计，但又没有材料和工具；③每个有家的人都希望自己的家居布艺品符合自己的个性，更舒适、更有品位。但市场上的家居布艺品大同小异，没有多少差异尤其不能满足年轻人对个性时尚的追求；④当前市场很流行十字绣、刺绣、针织品这些布艺品，但很多人只是懂一点操作的知识，做得不是很好，期待着有人能帮助自己把布艺品完成得更好；⑤在勤俭环保的理念下很多人想把旧衣物改造成有用的东西，个人不愿为此投资购买缝纫设备。所以如果能有一家店能帮助他们按自己的意愿随意设计服饰、布艺品那就好了。

市场前景：随着物质生活的提高，大家对服饰、家居用品等布艺品的要求也不断提高，追求个性时尚的心理越来越强烈。目前市场上能满足消费者对服饰修改、修饰、设计的场所和对家居布艺品的加工设计的场所很少，而且这些场所不能给顾客提供按照自己的意愿亲自去修改、修饰、设计自己的服饰和布艺品的服务。只是提供简单的修改或加工服务，未必能让顾客满意。

布艺设计会所不仅有专业的而且经验丰富的设计、裁剪、缝纫等工种技术人员为消费者修改、修饰、加工衣服和家居布艺品等，还给消费者提供自由修改、设计的空间。不仅满足了消费者对物质的需要，也更符合大多数消费者对时尚个性的心理追求。

（5）企业综述

法律构架：个人独资企业。有关法律规定个人独资企业投资人为一个自然人，有合法的企业名称，有投资人申报的出资，有固定的生产经营场所和必要的生产经营条件，有必要的从业人员。

经营行业：服务业

①企业理念

将培养员的价值观和道德准则作为第一要务。布艺设计会所将价值观和道德准则浓缩为一则信条：我们的服务标准是让每一位顾客都露出满意的微笑。

我们追求的目标是：和您共同走在时尚前沿。

②企业目标

短期目标：和附近大专院校学生会联系，和会所附近居委会联系。开始是免费为人们改制旧衣服。进一步利用微博、QQ等媒体组织"变废为宝"的旧衣物改造竞赛，使人们认识会所。再借助报纸杂志、网络等媒体大力宣传会所提高知名度，吸引更多消费者关注布艺设计会所了解会所的服务。

长期目标：建立全国连锁机构，收取加盟连锁费或建立子公司，使各地消费者均享受到布艺设计会所的服务。扩大产业链同时与尽可能多的服装公司合作，将个人设计作品投入生产，进入市场。

（6）资金来源

具体资金来源：贷款和个人投资。

（7）市场营销

①目标客户

第一客户：追求时尚个性的年轻人。

第二客户：年轻妈妈（帮孩子修改、制作服饰，陪孩子一起制作布艺品）。

第三客户：维修衣物、帮孩子制作家居用品的中年妈妈。

②市场计划

具体服务：为顾客提供自由维修、改制、设计衣物和其他布艺品的场所和设施。专为儿童设有布艺乐园。另外布艺设计会所有专业且经验丰富的剪裁设计技术人员为顾客提供维修、改制、制作衣物和家居布艺品等服务。

布艺设计会所针对学生、情侣及家庭，提供了更多的情侣套件和家庭套件，让顾客可以亲自手绘并创作自己的情侣装和家庭装。

附加服务：凡是本店会员，在活动日期间享受赠礼物活动。会所根据顾客的要求定购有关服装和布艺品设计的书刊等，供会员免费阅读。

③定价策略

凡是在本店消费的顾客均可免费获赠会员卡。自助进行消费的会员一小时收费30元，会员设计服装所需的布料由会所专门定制价格合理。由布艺设计会所技术人员维修、改制、制作的衣物和家居布艺品等，按照同行业标准收取费用。

④营销策略

准备名片：名片上印有会所的名称、服务项目、地址、电话、员工的名字和职务。要求每一位员工无论走到哪里都要带上一些名片，随时向消费者宣传介绍会所服务。

打折优惠：在节假日和会所周年纪念日推出服务打八折活动。会员在生日当天消费可获得折上折优惠并获赠精美礼物一份。

建立企业网站：采用微博、博客等低廉的宣传方式降低广告成本，也可与其他网站建立网络关系，允许他们产品的广告显示在会所网站的页面上，以此作为交换，在别的网站粘贴会所的广告，增加广告的浏览次数，进而提升会所知名度。还要尽可能利用赶集网等免费媒体进行低成本宣传。

促销产品：旧物改造打折收费，倡导环保理念，制作印有会所名称的T恤衫、精美布艺品（收纳布兜、购物袋等），赠送给顾客和员工身边的亲戚朋友。

（8）经营管理

①经营地点：普通居民住宅区和大专院校集中区。

②经营场所及设备：店面在普通居民住宅集中区附近，服务半径（1000米）内能够覆盖的有效客户不低于1000户。

③固定设备：裁剪设备（2台），缝纫设备（10台），锁眼设备（1台），包缝设备（1台），黏合设备（1台），熨烫设备（2台），钉扣设备（1台）以及其他小型配套设备。

④材料：各种布料、装饰品。

（9）市场调研

主要竞争优势在于我们会所给顾客自由发挥的创作空间，让每一位消费者切身感受创作过程的快乐和拥有创作成果的喜悦。不仅满足了物质需要而且更是丰富了精神生活。另外，会所拥有专业且经验丰富的剪裁设计技术人员为顾客维修、修饰、加工服饰和其他布艺品，让顾客享受到更优质的服务，不用再为服务质量而担心。

布艺设计会所紧跟流行趋势，满足不同人群的需要。如今，情侣装、母婴装、家庭装倍受追捧，会所将有针对性地满足顾客需要，为顾客提供布料、纽扣、画笔等设计服饰所需的用品。帮助顾客设计改造自己的作品，如布艺沙发套、窗帘、杯垫、儿童布贴画、十字绣及各类服装。同时，根据顾客自身情况，改造服装，旧物利用，节约成本，让每一位顾客感受创造和节约的乐趣。

经过调查，热爱服装和布艺品设计制作的人数众多。与那些服装设计培训机构相比较，会所的优势在于提供更好的服务，价格低廉。在时间安排上不会与会员的工作、学习发生冲突，只要顾客有时间会所随时为您服务，保证让广大设计爱好者更方便快捷地享受服务，同时让对此感兴趣的顾客尤其是年轻人掌握一门新的技能，挖掘出另一条就业途径，从而拓宽就业渠道。对于那些有设计梦想的有志青年，可以更好地通过实践锻炼自己，提高能力，积累实际经验，在设计的路上走得更远。

同时为一部分有技术的下岗女工和此专业的学生提供就业实习岗位，对减轻就业压力起到积极作用。

（10）财务规划

财务预算：会所共投资4万元，资金主要用于必需的固定资产以及服务过程中所需的直接原材料、直接人工、制造费用及其他各类费用等，明细如下：

①店面租金：10000元/年。

②购置固定设备（10000元）：裁剪设备（2台），缝纫设备（10台）。

③租赁设备（5000元/年）：锁眼设备（1台），包缝设备（1台），黏合设备（1台），熨烫设备（2台），钉扣设备（1台）以及其他小型配套设备。

④材料（2000元）：各种布料、装饰品。

⑤水电费：1000元/月。

⑥人员工资：基本工资1000元/月加提成（按件数和完成质量提成）。

⑦不可预算费用：1000元/月。

（11）风险分析

可能存在的风险：短期内会员量上不去，会员对服务不满意，要求退出会所，投资资金在预期内收不回。

风险降低方法：会员量上不去可能因为宣传力度不够，会所的业务不够完善。所以要在实际经营中预想可能出现的问题，提前制定解决方案。采用边经营边发展的策略，尽可能利用赶集网等免费媒体低成本宣传。对于资金收回问题，会所在投入前期应尽量降低成本，缝纫设备采用租赁方式。

（12）其他

公益计划：

①定期免费为孤寡老人和孤儿制作衣物，让他们在党和人民群众的关怀下生活得更幸福。另外，在设计服装时加入环保元素，宣传环保，同时提高大家的环保意识。

②布艺设计会所本身就有公益性，这些作品给大家带来美感，激发人的创造力，提高人们的创新意识。

③用博客的形式组织草根服装设计者的星光大道——"变废为宝"服饰设计大赛。一方面提高会所知名度，另一方面为草根服装设计爱好者提供展示平台。

产业链延伸：

①根据顾客的要求，会所对于顾客的原创作品，将做宣传销售，为顾客带来经济效益。原创设计人只需支付给会所适当的宣传费用。

②在市区店面基础上另开辟网上购物空间为顾客采购布料及用品提供方便快捷的途径，并进行免邮费销售。

③如针对市面鞋垫的使用性差的问题，会所将推出不易变形、防臭的手工鞋垫。同时，致力于与国内运动品牌的合作，打开传统鞋垫的市场，争取得到各大品牌的经营合作和宣传。

④聘请服装设计师为顾客量身设计制作衣服，让顾客不仅穿着舒服而且与众不同，为顾客打造不同的形象气质。

六、筹集创业资本

筹集创业资本即融资，在大学生创业中发挥着重要的作用。它直接影响着创业企业能否正常运营。下面就对大学生创业融资进行具体分析。

（一）创业融资的渠道

资金是在创业过程中大部分人要面对的第一个问题，许多人有了好的创业构思、目标定位，但是苦于缺乏资金，所以，资金问题是影响创业成败的重要因素。根据调查，相当多的大学生创业者的创业资金主要来源于亲友的支持。因此，拓宽大学生创业融资渠道是大学生创业活动中现实且紧迫的要求。大学生创业者的创业融资渠道主要如下。

1. 债务融资

目前适合大学生选择的债务融资方式主要有以下几种。

（1）私人借贷

私人借贷主要是指从家人、亲戚、朋友那里筹借资金。亲人间产生经济借贷往来是创业者首选的方式，因为彼此间的完全信任，使得资金筹措速度较快，数额较多，同时，许多人出于亲情的考虑，不会对借款者提出收取利息的要求。通过名人传记或者媒体采访，我们会发现，许多成功创业的人士在创业初期都借用过家人或朋友的资金。

（2）商业贷款

商业贷款是较为普遍和常见的贷款方式，但对于创业企业而言，要想取得商业贷款并不是一件容易的事，一般情况下除非创业者拿得出抵押物或有贷款担保，否则银行是不太乐意将钱借给创业企业的。

（3）抵押贷款

抵押贷款是指借款人以其所拥有的财产作为抵押向银行贷款。在抵押期间，借款人可以继续使用其用于抵押的财产；当借款人不能履约还款时，贷款人有权依照相关法规处理抵押财产用于偿还贷款。一般用于抵押的财产包括不动产、动产和无形资产三类。不动产，如土地、房屋；动产，如金银首饰、股票、国债、企业债券或银行承认的有价证券等；无形资产一般指专利技术。

（4）担保贷款

担保贷款是指借款方向银行提供符合法定条件的第三方保证人作为还款保证，当借款方不能履约还款时，贷款人有权按约定要求担保人履行或承担清偿贷款等连带责任的贷款方式。

2. 股权融资

股权融资是一种通过给予投资者在企业中某种形式的股东地位进行融资的方式。投资者获得公司一定比例的所有权，并期待随着时间的推移原始投资额可换取更高的利润回报。目前常见的股权融资有以下三种。

（1）风险投资

风险投资是指由专业投资者将资本投入拟创立的创业企业或刚刚诞生还处于起步阶段的创业企业以期获得高回报同时又承担着高风险的一种投资。

创业企业由于前景的不确定性和较高的风险性，一般难以从金融机构获得贷款支持，风险投资较好地弥补了这一不足。高新技术企业与传统企业相比更具备高成长性，因此风险投资往往把高新技术企业作为主要投资对象。

（2）天使投资

与风险投资不同，天使投资往往是一次性投入，后期一般不再注入新资金；投入金额也较风险投资少。在我国，天使投资每笔投资额为5万~50万美元。投资者的个人喜好成为投资的第一条件。

获得天使投资的途径主要有以下几种。

①寻找"天使"人员

目前国内天使投资行业主要有三类群体，其中富有的投资者和非正式风险投资机构占大部分，第三类为国内成功的民营企业家，他们可能是未来中国天使投资的主力军。经过40多年改革开放的发展，民营企业已成为中国经济发展不可缺少的重要组成部分，不少民营企业家已进入二次创业阶段，大笔资本迫切需要寻找投资方向而天使投资是他们较看好的领域。

②接触"天使"人员

接触"天使"人员的方式主要有以下几个。

第一，通过朋友或亲戚介绍来约见天使投资者，这往往对后期的投资行为有助推作用。

第二，创业者也可直接去找自己心目中的"天使"即通过直接上门的方式说服对方。

第三，创业者还可利用中介如财务顾问、法律顾问或相关金融咨询。

③争取天使投资

当创业者有机会与天使投资人会谈时，除了要准备一份高质量的商业计划书让天使投资人明确创业企业的吸引力、技术、市场、利润优势外，还要特别展示自己的职业素质和创业精神，这是天使投资与风险投资最大的区别。因为天使投资者往往更看重创业者个人的素质和品格，带有强烈的感情色彩。

3. 政府基金

政府基金主要体现了国家对创业企业的扶持倾向，既包括通过财政拨款设立创新（创业）基金的方式直接对创业企业进行资助，也包括通过财政补贴、税收优惠、政府采购、财政担保机制以及建立创新企业发展园区等方式对创业企业进行间接资助。

获取政府基金的途径具体如下。

第一，主动接触政府部门，可通过政府各部门的网站直接到政府有关部门行业协会、专家、中介机构等了解政府的有关产业政策和扶持政策。

第二，准备工作要做得充分。找会计师、律师等专业人士评估本企业的核心技术、市场优势、发展潜力、财务状况等，形成价值报告或申请书。

第三，按照规定程序提交申请材料。

（二）创业融资的过程

一般而言，创业融资过程包括融资前的准备、资本需求量测算、确定融资来源及展开融资谈判等方面的内容。

1. 融资前的准备

创业者一定要在融资之前做好充分的准备工作：对融资过程有一定了解，建立和经营个人信用，积累自己的人脉资源，学习估算创业所需资金的方法，知晓融资渠道的途径，熟悉商业计划书的结构和编写策略，提升自己的谈判技巧等，以提高融资成功概率。

2. 资本需求量测算

创业者必须明白，企业所使用的资金都是具有一定成本的。这并不是说，筹集的资金越少越好，因为任何一家顺利经营的企业都需要基本的周转资金，如果筹集的资金不足以支持企业的日常运转，则企业会面临资金断流，进而导致破产清算；但这也不意味着筹集的资金越多越好，如上所述，资金都是有成本的，如果在资金使用过程中不能创造出高于其成本的收益，则企业会发生亏损。因此，创业者在筹集资金之前，要能够运用科学的方法，准确地计算资金需求量。

3. 确定融资来源

确定了创业企业需要的资金数额之后，创业者需要进一步了解可能的筹集渠道和不同筹集渠道的优缺点，根据筹资机会的大小，以及创业者对企业未来的所有权规划，充分权衡利弊，确定所要采用的融资来源。

4. 展开融资谈判

选定所拟采取的融资渠道之后，创业者即需要与潜在的投资者进行融资谈判。要提高谈判成功的概率，就要求投资者首先对自己的创业项目非常熟悉，充满信心，并对潜在投资者可能提出的问题做出猜想，事先准备相应的答案。另外，在谈判时，要抓住时机陈述重点做到条理清晰；如果可能的话，向有经验的人士进行咨询，会提高谈判成功的概率。

七、开办创业企业

（一）创业企业的组织形式

企业组织形式是指企业财产及其社会化大生产的组织形态，它表明一个企业的财产构成、内部分工协作与外部社会经济联系的方式。

1. 企业的类型

根据企业的法律组织形式分为业主制企业、合伙制企业和公司制企业类三类。

（1）业主制

业主制也称为独资企业。独资企业是以一个自然人投资，并对企业事务有完全控制支配权的企业。独资企业的投资自然人完全依据投资人的自我意志进行经营活动，享有企业的全部收益，并承担企业的全部风险。独资企业不具备法人资格，投资人对企业债务承担无限责任。

（2）合伙制

合伙制是两人以上以营利为目的，依照合伙协议共同投资、共同经营、共担风险的企业。在法律形态上不具备完全独立的法律地位，不具有法人资格，企业没有独立于合伙人的法律主体资格，合伙人须对企业债务承担无限连带责任。

(3) 公司制

公司制是由若干承担有限责任的股东组成的独立法人主体。以营利为目的，由一定的投资者共同投资组建，投资人以其投资额为限对公司负责，公司是以其全部财产对外承担民事责任的企业法人。公司有独立的财产，公司财产完全独立于投资股东的财产，公司对其全部财产享有独立财产权，投资者个人无权直接处分公司财产，公司对其财产拥有独立的支配权，以其全部财产对外承担民事责任。投资股东不对公司的债务直接承担责任，投资股东仅以其出资额或所持股份为限对公司承担责任。

2. 企业组织形式的选择

对一个企业而言，在制度设计和策略运用上，如何选择适当的组织形式，主要从以下几个方面考虑。

(1) 法律上对某些产业、行业的限制

从原则上讲，企业对组织形式有选择的自由，但对于从事某些产业的企业，法律上会给予一定的组织形式的限制，如一些专门职业（律师等）被要求以合伙方式组成，其原因包括道德或者管理上的因素，如执业时对客户的无限赔偿责任、基于信任的职业特点等。此外，如银行、保险等金融事业也基于特殊的行业特质或者管制要求，法律要求必须以公司的形式进行组织。

(2) 税负

选择企业组织形式，必须考虑税负的问题，主要是有关企业营业所得的课税。不同的组织形式在法律上可能有不同的意义，连带在税法上也可能有不同的规范处理。例如，对于独立法人企业，企业要缴纳企业所得税，其股东对分得的红利要缴纳个人所得税，对于合伙企业而言，则没有企业所得税，而只需其投资者（合伙人）缴纳个人所得税。

(3) 组织正式化程度与运营成本

一个企业刚成立的时候，由于没有任何经营经验，且在创业初期所能吸引的资本有限，合伙这一组织形式在简单化、弹性化、非正式化以及成本等方面，较其他组织形式有优势。合伙在处理事务时，决策、沟通都比公司制度来得简单迅速。对一个规模尚且不大的企业而言，合伙可能是较适合的组织形式。

(4) 企业经营期限

公司组织在法律上具有法人资格后除了能成为交易主体外，另一个意义在于使该企业能够永续经营。例如，合伙主要是由人组成，但合伙人系自然人生命有限制，除非不断补入新合伙人，否则合伙企业的寿命也有限。但法人却不同，除有法定解散事由或者决议解散外，原则上是可能永远存在的。此外，个人的死亡、破产都将造成合伙制企业的解散；相反，公司并不受股东死亡、破产等事由的影响。企业的经营期限也是选择企业组织形式值得注意的因素之一。

（5）管理集权化

各国公司法多规定，公司设董事会是公司的经营决策和执行机关，即集权化管理制度。如果公司的投资成员众多，每件事项皆须获得全体投资人（股东会）的决议通过，不但在时效上很不合理，现实层面上也不可能。因此必须设置一个管理中枢，由股东选出少数人代表大众处理一般事务，甚至由董事会选任单一的专业经理人处理日常事务。

（6）权益移转的自由度

从理论上讲，股份有限公司尤其是上市公司股东持有的股份（即投资权益）是可以自由转让的，即所谓股份的流通性。但实际上，这个原则也有例外如发起人所持有的股份在一定时期内不得转让。此外，股份公司的高管人员转让股份也受到一定限制。

总之，投资者在选择企业组织形式时，应从法律上对产业的特殊要求、投资者的责任限制、税负的轻重、企业组织正式化程度与运营成本、企业经营期限、管理的集中程度、权益移转的自由性等方面进行综合考虑。

（二）创业企业的选址

科学而行之有效的选址，对创业企业的成长至关重要，在进行选址时，应做到以下几点。

1. 考察与评估备选地址

创业者要对多个备选地址进行实地考察，并采用科学的定量分析方法对备选地址进行考察与评估。经过对备选地址的实地考察与定量分析，按照创业企业"必需的"和"希望的"选址条件，对备选地址进行详细的比较分析后，选择出最佳地址。

2. 咨询与听取多方建议

创业者经过咨询有经验的企业家或相关人士，把创业企业选址的备选方案与最佳地址呈现出来听取他们的意见与建议，获得有益的帮助；并综合分析各种信息、意见和建议。制作详细的备选地址优势与劣势对比表，按照创业企业进入的行业产业特点与创业企业的市场定位等特征，综合运用选址的评估方法，最终做出创业企业的选址决策。

（三）创业企业命名

创业企业的名称是创业企业的称谓，是一个创业企业区别于其他企业的标志，代表着创业企业的自身形象。

1. 创业企业命名的原则

好的创业企业名称一般都应遵循以下两个原则。

(1) 易识别性

识别性是企业区别于其他企业的标志，要求具有独创意义，力避雷同，让人一目了然。

(2) 传播性

名字的本质是代言符号，是为了降低描述和传播的成本，并能传达价值。公司名称简明、清晰、易写、易记，是传播的必要条件。一个好的名字是企业成功的基础；一个好的名字可以传神地表达企业的特征，给消费者留下深刻的印象，从而节约大量的传播成本。

2. 创业企业命名的技巧

为创业企业或店铺命名是一门大学问，在给创业企业命名时，应做到"简""准""新""高"。

(1) "简"

"简"就是名字单纯、简洁明快，易与消费者进行信息交流，而且名字越短，越可能引起公众的联想，含义愈加丰富。企业名字的字数不应太多，这里主要是指企业名称中的表征部分，表征部分应控制在3~4个字，不宜过短，也不可过长。

(2) "准"

"准"是指创业企业名称要和创业企业的市场定位、主营商品、服务宗旨、经营目标等相一致，以助于创业企业形象的塑造。

(3) "新"

"新"是指名称要有新鲜感，紧随时代潮流，创造新概念-在个性化风潮大兴的现代，一些不按牌理出牌、怪得可爱的店名反而能达到吸引顾客上门一探究竟的效果。

(4) "高"

"高"是指创业企业名称要有气魄有远见。在为创业企业命名时，要考虑创业企业未来的发展方向，命名不宜过窄、过细。否则当创业企业发展壮大以后，会出现名称不适合的情况。

(四) 创业企业的申办程序

1. 工商户登记

根据企业规模的大小、规范化程度，创业企业可以分为个体工商户和私营企业两种，这两种初创企业在注册登记方面是不一样的，下面对其进行具体分析。

(1) 个体工商户登记

个体工商户简称个体户,是指生产资料归个人或家庭所有,以个人或家人的劳动为基础,劳动成果归个人或家庭占有和支配,在法律允许的范围内,依法经核准登记、从事工商业活动。个体工商户可以个体经营,也可以家庭经营。个体工商户申请开业登记应做到以下几点。

①个体工商户办理登记注册程序

申请人到当地工商所咨询、领取申请表提供需提交的登记材料→经专管员实地勘察→经所长审批→到内勤缴纳相关费用→携带登记材料到个体科办理相关登记。

②个体工商户登记需提交的各种材料

个体工商户登记需提交的各种材料具体如下。

第一,提出并递交申请书。申请人(个人经营的,以经营者本人为申请人;家庭经营的,以家人主持经营者为申请人)向户籍所在地的工商行政管理所递交从事个体工商业的书面申请,申请书的内容包括申请人、从业人员的身份和经营目的、经营范围、方式等。

第二,进行字号名称预先核准。

第三,"个体工商户申请开业登记表"一式两份。

第四,所有从业人员(含经营者)身份证明及复印件,经营者一英寸免冠照片。

第五,计划生育证明、凡参加经营的育龄妇女及从业人员年龄在16～49岁的要出具计划生育证明。

第六,经营场所证明。

(2)私营企业登记

私营企业是指生产资料属于私人所有,雇工八人以上的营利性的经济组织。私营企业包括独资企业、合伙企业、有限责任公司三类。私营企业申请开业登记手续如下。

①商行政管理部门办理企业名称预先核准

申请企业名称预先核准,应提交下列文件。

第一,股东或者发起人的法人资格证明或者自然人的身份证明。

第二,企业登记机关要求提交的其他文件。

②到会计师事务所办理验资

经营者(委托人)委托验资机构验资需按规定办理委托手续填写委托书,并提交下列文件。

第一,企业名称预先核准通知书。

第二,企业章程。

第三，投资人的合法身份证明。

第四，公司地址证明。

第五，如果单位出资，需提供投资单位营业执照和资产负债表。

第六，各类资金到位证明。

③到社会有关职能部门办理特殊行业许可证

私营企业的经营范围中属于法律、行政法规限制的项目在进行企业登记之前，必须依法经过批准作为企业登记的前置条件。例如，到卫生防疫站办理卫生许可证；需体检的企业员工到所在地区卫生局的卫生防疫部门进行培训，以便办理个人健康合格证。

④到工商行政管理局申请开业登记

提供的手续必须符合相关要求，具体如下。

第一，申请书。申请书应写明申请人姓名、性别、年龄、文化程度、住址，申请从事的行业或经营范围、拟办私营企业种类、经营场地地址和名称、资金数额及来源等，合伙企业和有限责任公司还应包括所有合伙人或投资者的姓名、住址、出资额等。

第二，填写"私营企业申请开业登记注册书""私营企业负责人履历表""私营企业名称预先核准通知书"。

第三，申请人身份证明。合伙企业和有限责任公司还应提交其他合伙人或投资者的身份证明。

第四，营业场所证明。

第五，资金使用证明（验资报告）需由具有法定资格的验资机构出具。有限责任公司的注册资本的最低限额按照企业法人的规定执行。

第六，与雇佣者签订协议或雇工意向书。

第七，有限责任公司申请登记时，应提供公司章程。

第八，合伙企业申请登记时，应当提交所有合伙人的书面协议。

第九，其他有关文件的证明（如特殊行业许可证等）。

（3）企业代码与银行开户

①办理组织机构代码证

在我国实行组织机构代码管理制度，办理组织机构代码证应注意以下几点。

第一，具有法人资格的单位提交法人代表身份证及复印件，不具备法人资格的单位提交负责人身份证及复印件。

第二，经办人员身份证及复印件。

第三，申领组织机构代码证申报表。

第四，换证单位应将旧代码证正本、副本一并交回。

②银行开户

银行账户是单位为办理存款、贷款、结算以及现金取付，而在银行开立的户头。根据现行国家有关制度规定，每个独立核算的经济单位都必须在银行开户，供各单位之间办理款项结算，除现金管理办法规定可用现金外，均须通过银行结算。企业开立银行存款账户是与银行建立往来关系的基础，只有在银行开立账户，才能委托银行办理资产往来业务，所以私营企业、个体工商户申领营业执照后应立即到银行办理开户。私营企业（个体工商户）在银行开户的步骤如下。

第一，向银行提供营业执照和组织机构代码证书，证明其是经法律许可登记注册的私营企业（个体工商户），具有生产经营的权利并已办理组织机构代码证书。

第二，填写开户申请书，申请书内容写明申请开户理由，并按照银行提供的表格填写，力求真实、准确、明了，此申请书由单位盖章后交由银行审查。

第三，银行编发账户。开户单位的账号有几位账户代号是由银行根据单位的行政隶属关系、资金性质、指定使用相应的科目，并加上开户单位的顺序号组成。

第四，确定账户的使用方法。单位在银行设立的账户，从使用方法上分为支票户和存折户。企业须确定使用哪种账户方式。

第五，交存开户款项。

第六，领购业务凭证。

（4）税务登记

税务登记又称纳税登记，是税务机关对纳税人实施税收管理的首要环节和基础工作，是征纳双方法律关系成立的依据和证明，也是纳税人必须依法履行的义务。办理税务登记的步骤具体如下。

第一，申请人直接向主管税务机关领取税务登记表并按要求填写。

第二，申请人提交相关材料。

第三，主管税务机关在收齐申请人应当提交的资料后，做出核准登记或不予登记的决定。

第四，申请人到指定窗口领取税务登记证的正、副本或领回所有提交的资料。

第二节 高校创新创业的运营管理培训

加快推动各高校创新创业教育改革，实现以创新带动创业、以创业带动就业的良好工作态势，将成为日后企业发展的根基。

一、企业初期的经营

创业者在进行创业时，必然历经创业初期、中期、后期等步骤，那么在创业初期，需要注意的问题有哪些呢？具体如下。

（一）立足现实，努力盈利，实现企业的生存

在刚创业时，创业者对自己的发展前途通常都非常看好，有的甚至把企业的"五年规划""十年规划"都设计好了。但事实上，一切皆是未知数。一方面，刚创业时，创业者由于缺乏经验，对变化较快的市场把握不准；另一方面，管理制度也不完善，创业者会直接使用书面上的组织理论、规章制度或者照搬照抄其他企业的规章制度，容易产生隐患。因此，对于创业者来说，在创业初期，企业的生存要比企业的发展更重要。在创业之初不要贪大求全且事无巨细，而要将主要精力坚定不移地放在公司的生存方面。

1. 寻找企业同盟，借力生存

对于刚创业的小企业来说，依附大企业是明智的选择。弱者借助强者生存，这不但是智慧的，而且是有效的。随着全球经济一体化的到来，社会分工将越来越细，一件商品的生产和营销往往被细分为众多的环节，为获得更多的市场份额，降低生产成本，大企业、成熟企业也会发展许多为其配套的小企业，由此给小企业也提供了许多机会。但小企业依附大企业、创业企业依附成熟企业，最理想的状态是既有经营上的联系，又有资本纽带关系，但不是被人控股，不是挂靠或下属关系。小企业在托庇大企业的时候，它仍旧保持独立，需要拥有较大的经营自主权，有可能的话，尽量同时托庇于多家大企业或成熟企业，则可以收到"东方不亮西方亮"之效果，大大提高企业的生命值。

丁峰是青岛一家机械加工企业的负责人，他的企业创立于2000年，专门为松下电子进行流水线制作安装。"我很庆幸我们选择了一条正确的道路，站在巨人的脚下，才能顺利地发展到今天。"企业创建初期，丁峰也曾经尝试过寻找新项目，打造自己的品牌产品，结果铩羽而归。"任何企业创立的时候都会是很困难的，我们也不例外。"回忆起创业道路上的挫折，丁峰感触颇多，"没有资金，没有技术优势，创造品牌对我们这样的小企业而言，简直就是天方夜谭！"2001年，丁峰的企业依旧是惨淡经营，生存的压力使他不得不思考企业的未来。恰在此时，《青岛晚报》一则"世界500强美国爱默生电子落户青岛，配套海尔家电"的新闻进入了他的视线。"当时我就想，世界500强的企业都来为海尔服务，总该有原因吧。"他随即查阅了大量配套企业的相关资料，并最终确定了企业的发展方向。青岛作为一个港口城市，有许多企业发展得天独厚的条件，除了土生土长的海尔、

海信、澳柯玛等大企业，日本的三菱、松下，韩国的三美，美国威博客等许多大企业也都落户这里。丁峰为企业发展制定的第一步战略就是"找棵大树先乘凉"。"依附于大企业生存，不是什么丢人的事情，一方面可以通过跟它们交流学到先进的技术和管理经验，另一方面也可以保证自身稳定的业务，维持企业发展。"

2. 要寻找适合企业的盈利模式

创业管理是"以生存为目标"的管理方式。在创业过程中最忌讳的是眼高手低即一切凭想象，认为只要金钱投下去，队伍建设起来就可以了，其他的因素完全不考虑。这样思想趋势下的行为结果可想而知，一定是以失败告终。因为创业的目的只有一个，即在实现人生价值的基础上，获得经济回报。如果发展目标与预期目标背道而驰，那么这注定是一次充满遗憾的创业。

（二）明确市场定位，迅速打造企业品牌形象

1. 细分市场，明确目标

市场领先者享有得天独厚的优势。他们能够更早到达盈利的彼岸，因为盈利是企业生存的唯一来源，赚钱是创业企业的首要目标。因此，每个企业都想取得市场占有的优先权，要想在市场拥有一席之地，首先必须创造和开发自己的细分市场，换句话说就是企业必须集中精力面向10%的市场，并在其中占据100%的份额而不是面向100%的市场，却只在其中占据10%的份额。当然这样的想法是美好的，但是在实际操作过程中还存在这样那样的问题，如何有效地解决问题，值得创业者思考。

研究发现那些抢占先机，占据市场"老大"地位的企业其实就是把握住了潮流、形势的发展趋势，并善加利用。

2. 运用多种途径，全面提高企业关注度

对于家喻户晓的大品牌来说，知名度永远不是问题，然而对于很多的中小企业，尤其是创业企业要想生存，市场占有份额是决定性因素。想要占据较高的市场份额，除产品质量、性能等因素能够接受消费者的考验外，品牌塑造的品牌效应最为关键。品牌效益，就是能够在消费者心目中留下深刻的、不可磨灭的印象的过程。比如提到羊绒衫，大家脑海里第一反应无非就是两个品牌的广告语：恒源祥，羊羊羊；鄂尔多斯羊绒衫，温暖全世界。这两个羊绒衫的品牌塑造非常成功，可以说是家喻户晓，企业每年获利颇丰，这两句广告语也成为国际上广告营销策划界的"标杆"。其实这也充分说明了消费者只有在知道某品牌的前提下，才会在选择时考虑该品牌。

建立品牌知名度的意义自不多言。我们在这里单独提出建立品牌知名度的问题，首先要面对来自行业内部的两大挑战：第一是所谓品牌专家们的挑战。在品

牌专家的教科书里品牌建设是一个系统的工程，不可能把品牌的知名度单独割裂开来做，而应该充分考虑到品牌的其他要素，如品牌美誉度、品牌忠诚度等。但首先你需要明白的是，在消费者还不知道你是谁，你能做什么的情况下，品牌美誉度、忠诚度与品牌联想又从何谈起呢？另一个反对的观点是，知名度无助于销售。消费者光知道你的名字不一定会做出购买行动，但问题是，如果他连你的名字都不知道，就更不会做出购买你产品的决定，因为购买意味着风险。

当你作为一个后来者，刚刚进入新市场的时候，首先面对的就是知名度问题，你需要大声地告诉别人你是谁，你是做什么的。因此，在建立品牌知名度时期，千万不能奢望太多，不要什么都想说。

（1）利用网络等媒体进行宣传，提高企业知名度

网络推广是现代社会投资最少、见效最快的盈利方式，是提高企业知名度的最佳形式，可为企业带来更多的合作伙伴，赢得更多的经济效益。网络宣传是现如今许多企业主推的宣传方式，因为，在网络信息时代，人人有手机，人人看手机，人人关注手机信息，网络无疑是拉近企业与消费者距离的最好媒介。因此，许多大的企业已经敏锐地捕捉到了这一点，已经开始逐渐扩大网络宣传方面的投入，开始建立2~3人网站建设队伍，开始考虑建立网上商城，尝试进行网上销售为未来网上营销打好基础，并获得有益经验。花大力气建立与企业产品相关联的综合性网站，以此综合性网站推动企业自身网站发展，未来甚至可利用此综合性网站赢利。

（2）进行公共形象策划，提高企业美誉度

公关式的形象策划不仅能提高企业的知名度，还能极大限度地提高企业的美誉度。企业进行社会公益事业的策划，由于策划和许多人的利益密切相关，关注度高必然使企业的知名度也得到提高。例如，整个四川省在春节期间最关注的就是民工回家，《华西都市报》在策划"接农民工回家"这个活动前通过调查发现整个四川省节前返川的民工将达到360万人，以每个民工平均3个亲人计算，那么关注民工回家的群体将达到1000万人。这种情况下，在二级城市有着巨大影响力的《华西都市报》实行的这个策划必然带来知名度的极大提高。另外《华西都市报》在"接民工回家"的公关活动过程中体现出勇于承担社会责任、乐于为社会做贡献的价值取向和精神风貌，能赢得受众的道义认同，从而提高了企业的美誉度。如此一来，知名度和美誉度都增强了，良好的媒体形象也就树立起来了。毋庸讳言，从动机上来看《华西都市报》组织策划的最终目的也是为了营利，为了提高其社会影响力，通过"影响创造价值"，但这种营利目的很容易被热心社会公益事业的行动所掩盖。

（三）积累经验，端正心态，提高创业者自身素质

1. 社会经验的学习和积累

大学生要通过各种方式补充创业缺乏的经验。以前媒体经常用一个词语形容大学生的求学之路：十年寒窗。从进入小学至高考结束，这十余年的时间里，学生都在一个相对封闭的空间内完成一件事情——学习。加之我国国情、教育制度等多种原因，许多学生只会学习，对其他技能的掌握水平略差，对于社会经验更是不知从何谈起。因此在创业初期，许多学生最大的问题就是，不能准确分辨好人与坏人，容易被眼前景象迷惑，轻信他人，继而出现被骗财、骗物的事件，造成不必要的经济损失。因此，创业者在进行创业前首先要做的就是"擦亮慧眼"，学习知识和技能，为今后的创业打下坚实的基础。同时要向有经验的专家学习创业的理念和经营管理经验，了解创业技巧，在做好市场定位以后再考虑具体创业的事情。

2. 创业者心态要端正

大学生创业，要保持良好心态，要有充分心理准备，慎之又慎。学生创业首先要有"风险意识"，要能承受风险和失败；同时要适当控制创业的风险，量力而为，结合自己的承受能力，开拓与自身实力相符的事业，而不应贪大求全。否则，一旦创业不利，极易陷入困顿，一蹶不振。其次要有责任感，要对公司、员工、投资者负责，务实精神必不可少，必须踏实做人、踏实做事。要将每一轮融资中的投资者的后续融资的可行性和价值评估重视起来，尽力创造财富。

3. 创业者要注重合作，优势互补

现代社会是一个充满竞争但又注重合作的社会。要想创业成功，离不开志同道合、互帮互助的合作伙伴。找到能够融洽合作的事业伙伴，是创业成功的关键。要找到彼此都能自我约束的创业合作伙伴，双方都能为对方、为事业做出某种程度的牺牲，否则合作就难以完成。

二、创业企业日常管理

（一）创业企业财务管理

1. 创业企业财务管理遇到的问题

（1）投资能力差，决策盲目

创业企业投资决策往往是由创业者自己做出的。初次创业者缺乏科学的决策程序，决策时又很少运用各种定量的分析方法，往往凭借自身的经验进行判断，投资行为常常表现为：注重短期利益的实现，缺乏长远规划；投资决策失误，给本来就脆弱的创业期企业造成重大损失，制约其发展，危及其生存。

（2）现金管理不到位

现金是创业企业的血液，是一个企业存续能力强弱的重要标志。保持适量的现金，为公司可能出现的各种情况做准备，不仅是谨慎的表现，也是今天这个充满不确定性市场的必然要求。拥有足够的现金，企业才能生存。没有充足的现金，必将影响企业的赢利能力和偿债能力，进而影响企业的市场信誉和资金周转甚至资不抵债，最终迫使公司走向破产。

2.解决财务管理问题的对策分析

（1）管理者需掌握基础财务知识

初创公司，可能规模小、人数也不多，很多时候，创业者和管理者融为一体。因此，创业者自身要学习和积累一定的财务知识，以便在发现财务漏洞的时候，能够第一时间分析问题，解决问题不一定要多精、专，但是一定要掌握企业中常用到的财务知识，识别财务漏洞，才能够有措施规避漏洞，做到"心中有数"。

（2）建立完善的财务管理制度

财务管理需要的是科学、严谨的态度，马虎不得、大意不得、敷衍不得。因此，用制度管理人是最有效的手段，建立制度后，创业者要定期检查制度实施情况并及时修正。同时，加强内部财务控制，提高资金的使用率；优化财务结构，平衡高成长和稳健发展；重视营运资金管理，加速资金周转。通过多种方式，将财务问题进行有效的解决。

（二）创业企业营销管理

1.创业企业营销管理常见问题

（1）市场导向不明，不能发现新机会

企业对细分市场的判断和确定能力很差，主要是通过低价和经销商倾销来提升销量，企业的营销战略在销售压力和经销商压力下如同一纸空文；没有对各个细分市场的规模和竞争情况进行分析，对于自身在各个细分市场的独特优势缺乏认识；没有及时跟上一些好的新理念。

（2）相互拆台，缺乏配合意识

相互拆台的原因不外乎两种：利益和责任。利益是大家共同追求的，责任也是需要大家共同承担的。但是在出现问题后，大家却摆出一副"事不关己，高高挂起"或者"这事不怪我"的姿态，急于撇清责任。这样下去，企业内部迟早分崩离析。

（3）各自为政，弱化团队的力量

各个部门是公司的有机组成部分，如果各个部门不能形成统一的意见，不能用同一个声音去面对市场，都以为自己是企业的老大，各自为政，以自己的方式去处理来自市场的问题,这不仅不能形成合力,还会弱化整个营销团队的力量。

(4) 本本主义,过程管理流于形式

随着中国营销进程的发展,只重视结果,不重视过程的做法随着跨国公司在市场上的规范运作而逐渐退出历史舞台,国内企业开始注重过程,向先进的营销方式学习。加强过程管理的重要方法就是通过表格化管理、报表管理等书面的形式对营销人员的工作进度、行程、绩效进行监督和考核。

(5) 朝令夕改,没有规范的制度、政策

商鞅变法之所以成功,就在于他"言必信,行必果",得到了臣民的信任。作为一个营销团队,领导者也必须如此。没有规矩不成方圆,有力的销售政策和规范的制度是团队健康发展的有力保证。

2. 创业企业营销战略

(1) "狭缝地带"营销战略

大企业为了获得超额利润,追求"规模经济性"效益,一般采用少品种、大批量的方式,这就自然为创业企业留下了很多大企业难以涉足的领域,我们称这些经营领域为"狭缝地带"。

(2) "专利生存"营销战略

拥有独特技术和生产技艺的企业,可以运用工业产权来防止大企业染指自己的专有知识、向自己的产品市场渗透,从而在法律制度的保护下形成有利于企业成长的环境。

(3) "空白生存"营销战略

在一般情况下,当前一代产品开始衰退,后一代产品尚未投入之时,市场往往出现"战略空白"。在这样的市场空白中常常可以找到适合企业成长的机遇。创业企业应积极寻求这样的机会,善于此道者定能走向成功。

(4) "开发潜在需求"营销战略

在我们的现实生活中,常有一些只得到局部满足,根本上未得到满足或正在孕育即将形成的社会需求,这样的需求盲点往往构成潜在的市场区隔。发现和预测潜在需求,是一项难度极大、艺术性极强的工作。创业企业一旦发现前景良好的潜在需求,就应着手做好生产、销售工作,并加固经营壁垒,提高后来者的进入障碍,提高垄断能力,延长创业企业垄断这一市场间隔的时间,以期获得丰厚的经济收益。

(5) "生存互补"营销战略

大企业在追求"规模经济效益"中,对小批量、多品种产品所不愿顾及或难以涉足的经营领域,为中小企业发展提供了自然发展空间。因此创业企业在市场竞争中,一方面要尽量减少与大企业间的竞争,另一方面还要利用大企业,以求得自身的生存。这就要求创业企业与大企业之间要建立一种协作关系。大企业依赖大批量生产方式，凭借规模经济性取得了产品成本的优势，这一点是创业企业所望尘莫及的。然而大批量的生产方式必然要引起社会分工协作的发展。大企业为了获得"规模经济性"，必然要摆脱"大而全"的生产体制的桎梏，求助于社会分工与协作，这在客观上就为创业企业的生存发展提供了生存领域，增加了大企业对创业企业的依赖性，同时创业企业也由于大企业的发展为其创造了生存发展机会。

(6)"服务至上"营销战略

即使创业企业的产品并无什么特殊之处，也可以通过提供特殊的售后服务，利用其机动灵活、善于应变的内在优势，在无差别市场上划分出相对安全的经营领域来。建立一个综合服务网是需要大量人力、物力和财力投入的，即便是最大的企业也难以面面俱到。因此，创业企业则完全可以凭借天时、地利之便，在大企业服务网难以触及的市场区域内建立具有相对优势的小服务网络，为自己的生存和发展分割出一个发展空间来。

(三) 创业企业的团队管理

对一个企业而言，既需要工作细致的"内管家"、活跃的"外交家"、确定战略的"设计师"、有效执行企业决策的"工程师"，也需要具有发散思维的"开拓者"、性格稳健的"保守派"。这些不同类型的人各自发挥所长，形成合力，才能促进企业发展。创业者要做的就是把这些不同专长、不同个性的人凝聚在一起，让他们在和谐的氛围中融洽地、愉快地工作，组成优势互补的创业团队，形成协同优势。

三、创业风险

如何对风险实施有效的管理，对创业企业来说至关重要。因此，风险是每一个创业者的必修课程。

(一) 大学生创业的风险

在获得收益的同时把风险降到最低，正确地认识创业风险，合理地管理创业

1. 管理风险

众所周知，任何事物均存在一定的风险性，大学生在创业过程中也不例外，风险有很多种，但是管理层出现问题是导致创业失败的最主要的原因。也就是说，创业者面临的管理风险与其行为及决策紧密相连。因为，俗语说得好：火车跑得快，全靠车头带。可见一个领头人的重要性。在创业初期这个领头人就是创业者，因此，创业者的管理水平能够直接影响创业成败。管理水平的高低就是企业能否

经受住管理风险的前提。

2. 资金风险

良性的资金链是企业存活的根本。这与资金时间价值观念是密不可分的。资金的时间价值理念不仅要考虑在不同的时间点资金的价值不同，还要考虑到在不同的时间点资金的使用价值大相径庭。

企业经营者掌握好资金时间价值和资金风险，可以减少经营风险，降低经营损失，在收益可观的情况下降低相对总体市场的波动性。

3. 竞争风险

在市场竞争中，不确定性因素很多虽然每个竞争者都期望实现其预期利益目标，但总不能全都成功，必然会有某些竞争者在竞争中败下阵来，承受竞争的损失。因此如何有效规避竞争风险，找到解决企业风险的方式值得每一位创业者思考。

4. 团队分歧的风险

团队是由人组建的，团队成员中每个人的想法各异，难免会出现同样事物不同认识观的分歧。出现分歧不要紧，重要的是如何协调这种分歧，这对创业者来说，确实不容易做到。因为做好团队的协作并非易事。特别是与股权、利益相关联时，很多初创时很好的伙伴都会闹得不欢而散。

5. 核心竞争力缺乏的风险

知识经济的发展离不开对知识的创新、生产与传播，离不开对创新人才的培养。纵观世界发达国家强盛的历史可以发现，积极谋求实现科学研究和人才培养的高度统一以研究带动培养，以培养促进研究，推进产业发展，是高等教育发展的基本态势。进入知识经济时代，创新型人才的培养和集聚必将推动科学技术进步，促进社会经济可持续发展，最终成为提高国家核心竞争力的关键。

6. 人力资源流失风险

人力资源的流失，专业领域定义为人才流失或人员流动。人力资源在企业层面指能够推动整个企业发展的全部现任在岗员工之总和。人力资源是进行社会生产最基本和最重要的资源，具有以下特点。

（1）能动性（区别于其他资源）。

（2）实效性（形式、开发和利用受时间限制）。

（3）可再生性（通过培训来发掘潜在的人力资源）。

（4）社会性（与一定的社会环境相联系）。

我国人才流失的主要原因有以下几个方面。

（1）对自己的薪酬待遇不满。这是最为直接和关键性的问题。

（2）对所承担的职务工作缺乏兴趣。未能做到人力资源规划上的"能位匹配"

原则，让合适的人做合适的工作。

（3）对企业的管理方式不满。例如，受企业的重视程度和培训升迁制度，还有奖励制度等。

（4）对企业目标缺乏认同感。企业文化层面上得不到共识。

（5）缺乏个人成就感。

（二）创业企业的风险管理策略

1. 创业风险

创业初期，企业规模不大，随着小企业的成长，一般会出现以下几种风险。

（1）财产风险

财产风险是指，企业在经营活动中出现的，导致一切有形财产的毁损、灭失或贬值的可能性。对于企业的实物财产为防范财产风险，根据情况可通过到保险公司上保险的办法来补救。需提醒的是，保险公司一般赔偿的是直接损失，间接损失还是要由企业来承担，而往往间接的损失比直接损失还要大。

（2）市场风险

市场风险是指创业企业从事经济活动所面临的亏损的可能性和盈利的不确定性而存在的风险。具体内容如下。

①创业项目的选择风险、市场进入过程中的风险、需求量的不确定性等。

②市场接受时间的不确定性。

③竞争激烈程度的不确定性。

（3）环境风险

环境风险是指外部因素影响创业发展而带来的风险。主要有政治法律环境风险、经济环境风险、技术环境风险等。

（4）人力资源风险

人力资源风险主要指由于人的因素，包括创业者、创业团队中的主要成员对创业发展产生不良影响或偏离经营目标的潜在可能性。为防范此类风险要关注以下几个方面。

①关注创业团队风险的主要来源。创业团队中，没有形成共同的意愿和目标，不能形成和谐的创业团队，团队的角色配置不合理，不能自觉遵守规章纪律，这些因素都是造成人心分离的原因。

②关注个人因素产生的风险。包括人的诚信、人的能力、人的变动。

③关注人员流失可能带来的风险，特别是人才流失所带来的风险。

（5）财务风险

对于自主创业来说，财务风险是指因资金不能适时供应而导致创业失败的可能性。资金是企业运营的血脉,创业者必须高度重视财务工作,做好财务风险的防范工作。

①认真筹划创业初始需要的融资或投资数额。

②做好项目进行过程中的可能继续投融资的准备。

③保持合理的负债比率。

(6) 技术风险

技术风险是指在创业者所依靠的技术存在的不可靠性、不稳定性而导致创业失败的可能性。其风险应从以下几个方面来考虑。

①新技术的生命周期:新技术会不会马上被另一技术所替代。

②新技术的快速普及性:新技术会不会很容易被模仿。

③新技术的效果性:主要是会不会出现负面效果。

④新技术的管理风险:主要是技术人才的稳定,知识产权及技术档案的管理。

(7) 管理风险及合同风险

创业管理风险是指在创业过程中,经营管理者因管理不善而导致创业失败所带来的风险,主要由创业者的素质、决策风险、组织风险等决定。

合同风险产生的原因主要有出现无效劳动合同、缔约过程中条款不够全面、责任不够明确、纠纷解决途径失当等。另外要警惕合同的陷阱:霸王合同,小心被动从属;"卖身"合同,小心赔偿不尽;押金合同,小心没收现金;"暗箱"合同,小心无效合同;附件合同,小心附件规格与合同间的差异。

2. 风险管理

各种经济组织通过对风险的估算,选择经济合理的方法来转移风险,从而使得企业获得最大限度的风险保障,这是创业企业进行风险管理的总方针。

(1) 风险管理的职能

风险管理的职能是实现风险管理的目标所从事的基本工作,它是解决风险管理做什么的问题。具体职能如下所述。

①风险警戒。对生产经营环境中可能出现风险的要素保持合理的怀疑,对企业各项活动持有谨慎原则,提高对风险的重视,并建立必要的监控机制;对经营环境有关方面进行经常、不规则的风险搜索,以及时发现风险隐患,并发出警报。

②风险定位。包括两方面:第一是风险定性,也就是对企业风险内外进行分类、过滤、剖析。弄清哪些属于企业风险,哪些尚未构成风险;哪些属于现实风险,哪些属于潜在风险;哪些风险已对企业生产构成威胁,哪些对企业尚未构成威胁。风险来自何处,具有什么特点,并列出风险要素。第二是风险定量,即对风险进行数量界定,是针对某一具体的风险种类的形成、发展、作用对象及其发生概率、强度、可能造成的损失等进行预测计算,并分析该风险对企业的威胁程

度及企业的承受力，可能造成的危害及形成的影响。

③风险防范。对于突如其来的风险，根据识别和定位的结果，果断采取措施进行必要的准备和防护。这种防范是对风险有针对性的回应，是从众多的应付风险的策略中选择出的最佳方案。

④风险处置。指对已发生的风险进行应急处理，或者对已造成损失的风险进行补救，对自身失误进行反思，并对有关责任者进行惩戒，同时总结经验教训，制定相应的防范措施。

（2）企业风险管理工作要点

①要积极树立风险管理意识。树立"人无远虑，必有近忧"的意识。建立和健全风险管理组织体系。有效的组织化的控制结构可以确保风险被有效地控制，因而建立和健全风险管理组织体系是企业实行制度化风险管理的关键，它的健全与否直接关系到工作的效率和质量。

②风险控制源。风险源的控制实质上是对风险进行事先性防范，风险管理的对象包括静态风险和动态风险。通过提高企业"肌体"的健康水平减少风险因素的产生，这就要求管理者一方面要不断强化企业内部条件，提高自身实力，从而消除企业内部的风险隐患；另一方面，则需通过超前设计，努力调整和改善外部环境状况，并引导环境往有利于企业的方向发展。最大限度地减少外部环境中的风险诱因。在企业对风险源头控制的事前设计中，应特别重视创新思维的作用，要依靠富有创意的企业策略来创造和加强企业优势，达到强身健体的目的。

③确保风险信息传递的真实、准确、快捷、高效，加强对风险的事中管理。建立风险的应急系统是进行风险事中控制的有效途径之一。

（3）风险管理方法

风险管理的一般方法如下。

①风险回避。回避就是对风险采取消极的避闪、放弃等方法，以降低或消除风险的侵害，减少或避免损失。回避法操作简便易行、安全可靠、效果有保障，但是这种方法的实际应用要受到一定的限制，容易丧失机遇、丢失盈利，为竞争对手所利用。

②风险控制。风险控制是通过有针对性的采取防范、保全和应急措施来最大限度地消除和减少风险可能带来的损失，是一种主动积极的风险管理办法。

③风险对抗。对抗是对风险主动出击，以图破坏风险源或改变风险的作用方向，释放风险能量，减少风险对企业生产经营活动的影响和损害。对抗的本质就是以风险对付风险，以风险抵消风险。对抗的采用是有条件的并非所有情形都适用。

④风险转嫁。具体分为非保险的风险转嫁、保险两种方式。

非保险的风险转嫁包括出售、辩护协定,经营活动开始前即明确不承担责任;财务转嫁,采用无责任约定、保证、合资经营、股份制等方法。

风险保险,主要风险都要通过保险合同形式来处理,保险在风险管理中具有异常重要的地位和作用,在具体的风险险种中,主要有财产保险、责任保险、人身保险、信用保险、利润损失保险等。企业可运用一些风险决策分析根据和方法来精算优化保险方案,最大限度地削减风险。

3. 风险策略

企业在风险不能避免或在从事某项经济活动过程中势必面临某些风险时,首先想到的应是如何控制风险发生,如果实在不可控,那么企业承担风险的方式可以分为无计划的单纯自留或有计划的自己保险。无计划的单纯自留,主要是指对未预测到的风险所造成损失的承担方式;有计划的自己保险是指已预测到风险所造成损失的承担方式,如提取坏账准备金等形式。

四、完善大学生创业政策

大学生创业,需要社会各界给予方方面面的支持。大学生创业成功,是社会各界合力的结果,因此为支持大学生创业,国家和各级政府出台了许多优惠政策,涉及融资、创业培训、创业服务等诸多方面,对打算创业的大学生来说,这为他们的创业提供了"精神与物质食粮",是帮助他们走好创业第一步的关键。

现以具体案例说明在相关政策支持下,大学生创业取得的优异成绩。

案例分析——山东交通学院战略规划创新创业工作

近年来,学校全面落实党中央、国务院"大众创业,万众创新"的战略部署按照《教育部等部门关于进一步加强高校实践育人工作的若干意见》要求,立足学校实际发展现状,成立创新创业教育领导小组和创新创业学院,印发创新创业教育改革实施方案,修订岗位聘用实施意见中的相关细则,完善配套学生工作制度,加强实体创新创业教育基地建设,加强全程创业指导,引领示范创新活动,完善激励保障机制,营造全员创新氛围,推进校企协同创新,争取社会支持合作。以"项目贯穿式"培养"双创"意识,以现代"学徒式"雕琢"双创"技能,以"阶梯式平台"打造双创空间,以"第三方评估"保证"双创"质量,构建了基于"工匠精神"的应用型高校"双创"人才培养模式,培养大学生创新精神、创业意识和创业能力,打造了具有良好示范和带动效应的实践育人创新创业基地。

第八章 创新创业仿真实训

第一节 企业常用分析模型

一、PEST分析模型

（一）PEST分析模型简介

PEST分析指对宏观环境的分析，宏观环境又称一般环境，包含一切影响行业和企业的宏观因素。对宏观环境因素进行分析时，不同行业和企业根据自身特点和经营需要，分析的具体内容会有差异，但一般都包含政治（political）、经济（economic）、社会（social）和技术（technological）这四大类影响企业的主要外部环境因素，称之为PEST分析法。

（二）PEST分析法的内容

1. 政治环境

政治环境因素（political factors）包括一个国家的社会制度，执政党的性质，政府的方针、政策、法令等。

不同的国家有着不同的社会制度，不同的社会制度对组织活动有着不同的限制和要求。即使社会制度不变的同一国家，在不同时期，由于执政党的不同，其政府的方针特点、政策倾向对组织活动的态度和影响也是不断变化的。

2. 经济环境

经济环境因素（economic factors）主要包括宏观和微观两个方面。

宏观经济环境主要指一个国家的人口数量及其增长趋势（人1∶1变化），宏观经济政策，经济基础结构。

3. 社会环境

社会环境因素（social actors）包括一个国家或地区的居民教育水平、文化水平、宗教信仰、风俗习惯、价值观念和审美观念等。

其中文化水平会影响居民的需求层次；宗教信仰和风俗习惯会禁止或抵制某些活动的进行；价值观念会影响居民对组织目标、组织活动以及组织存在本身认可与否；审美观点则会影响人们对组织活动内容、活动方式以及活动成果的态度。

4. 技术环境

技术环境因素（technological factors）除了要考察与企业所处领域的活动直接相关的技术手段的发展变化外，企业还应及时了解：

（1）国家对科技开发的投资和支持重点；

（2）该领域技术发展动态和研究开发费用总额；

（3）技术转移和技术商品化速度；

（4）专利及其保护情况等。

5. 重要的政治、经济、社会环境因素

企业在生产、销售、服务的过程中，时时刻刻受到政治、经济、社会的影响和制约。企业必须密切关注国家的每一项政策和立法，关注经济的发展情况，关注社会的风气，并注意它们对市场营销所造成的影响；根据政治、经济、社会环境因素来制定营销活动的战略，维护企业的利益。

（三）PEST分析法的应用

PEST分析法相对简单，可通过头脑风暴法来完成。

PEST分析法的运用领域有产业环境分析、公司战略规划、市场规划、产品经营发展和研究报告撰写。

二、SWOT分析模型

（一）SWOT分析模型简介

SWOT分析法（也称TOWS分析法、道斯矩阵）即态势分析法，在20世纪80年代初由美国旧金山大学管理学教授韦里克提出，经常被用于企业战略制定和竞争对手分析等场合。SWOT分析法就是将与研究对象密切相关的各种主要内部优势、劣势和外部的机会、威胁等，通过调查列举出来，并依照矩阵形式排列，然后用系统分析的思想，把各种因素相互匹配起来加以分析，从中得出一系列相应的结论，而结论通常带有一定的决策性。

运用这种方法，可以对研究对象所处的环境进行全面、系统、准确的分析，从而根据分析结果制定相应的发展战略、计划以及对策等。

（二）SWOT分析法的内容

优劣势分析主要着眼于企业自身的实力及其与竞争对手的比较，而机会和威胁分析则将注意力放在外部环境的变化及其对企业的可能影响上。在分析时，应把所有的内部因素（即优劣势）集中在一起，然后用外部的力来对这些因素进行评估。

1. 优势与劣势分析

每个企业都要定期检查自己的优势与劣势，可运用"企业经济管理核查表"来完成。企业或企业外的咨询机构都可利用这一表格检查企业的营销、财务、制造和组织能力。每一要素都要按照特强、稍强、中等、稍弱或特弱划分等级，企业在维持竞争优势的过程中，必须深刻认识自身的资源和能力。

影响企业竞争优势的持续时间主要有三个关键因素：

（1）优势的建立耗时；

（2）优势的强弱程度；

（3）优势的持续时间。

如果企业分析清楚了这三个因素，就会明确自己在建立和维持竞争优势中的地位。

显然，企业不应把时间和精力全部放在纠正它的所有劣势上，也不应对其优势完全放任不管。企业应研究它究竟局限在已拥有的优势中并考虑是否去获取和发展一些优势以找到更好的机会。有时，企业发展慢并非因为其各部门缺乏优势，而是因为它们不能很好地协调配合。例如某大型电子企业，工程师们轻视销售员，视其为"不懂技术的工程师"；而推销人员则瞧不起服务部门的人员，视其为"不会做生意的推销员"，长此以往，必然会对企业发展产生负面影响。

2. 机会与威胁分析

随着经济、社会、科技等诸多方面的迅速发展，特别是世界经济全球化、一体化过程的加快，全球信息网络的建立和消费需求的多样化，企业所处的环境更为开放和动荡。这种变化几乎对所有企业都产生了深刻的影响。因此，环境分析日益成为一种重要的企业职能。

环境发展趋势分为两大类：一类表现为环境威胁；另一类表现为环境机会。环境威胁指的是环境中一种不利的发展趋势所形成的挑战，如果不采取果断的战略，那么这种不利趋势将导致企业的竞争地位得到削弱。

（三）SWOT分析法的特点

SWOT分析法主要具有扛杆效应、抑制性、脆弱性和问题性四个特点。

（四）SWOT分析法的步骤

（1）确认企业当前的战略。

（2）确认企业外部环境的变化。

（3）根据企业资源组合情况，确认企业的关键能力和关键限制。

（4）按照通用矩阵或类似的方式进行评价。

（5）将结果在SWOT分析图上定位。

（五）成功应用SWOT分析法的简单规则

成功应用SWOT分析法的简单规则如下：

（1）进行SWOT分析的时候必须对公司的优势与劣势有客观的认识；

（2）进行SWOT分析的时候必须区分公司的现状与前景；

（3）进行SWOT分析的时候必须考虑全面；

（4）进行SWOT分析的时候必须与竞争对手进行比较；

（5）保持SWOT分析法的简洁化，避免复杂化与过度分析；

（6）SWOT分析法"因人而异"。

一旦使用SWOT分析法决定了关键问题，也就确定了市场营销的目标。SWOT分析法可与PEST分析法和波特五力模型等方法一起使用。

（六）SWOT模型的局限性

与很多其他的战略模型一样，SWOT模型具有时代的局限性。以前的企业可能比较关注成本、质量，现在的企业可能更强调组织流程。例如以前的电动打字机被印表机取代，企业该怎么转型？是应该做印表机还是其他与机电有关的产品？根据SWOT分析，电动打字机厂商的优势在于机电设备，但是发展印表机又比较有机会成功。结果有的企业朝生产印表机发展，结果很不乐观；有的企业朝生产剃须刀转型，很成功。这就表明，企业选择以机会为主的成长策略，还是以能力为主的成长策略，其结果会有很大不同。SWOT分析法没有考虑到企业改变现状的主动性，即企业可以通过寻找新的资源来创造企业所需要的优势，从而达成过去无法达到的战略目标。

第二节 创新创业虚拟仿真实训平台

创新创业虚拟仿真实训平台是广西大学商学院为了加强对学生的创业教育而推出的产品，符合教育部加强创业教育实训的要求，是模拟创业全过程的训练平台，采用国际上领先的商业模拟技术。学生在创新创业虚拟仿真实训平台上模拟真实企业的创立过程，包括办理工商税务登记注册、对创立企业进行运营管理等。

通过对真实创业环境的逼真模拟,该平台可以帮助学生掌握在真实创业过程中可能遇到的各种情况与经营决策,并使他们对出现的问题和运营结果进行分析与评估,从而对创业有更真实的体验与更深刻的理解;帮助学生提升创业意识,掌握创业技能,增强择业就业的能力。

创新创业虚拟仿真实训平台涵盖了多种企业创立的过程,其功能模块主要包括两个部分:企业设立和企业管理。

1. 企业设立

学生登录进入创新创业虚拟仿真实训平台,按照不同的类型设立公司,完成企业注册、名称预准、开户申请、验资报告、设立登记等一系列内容,掌握企业成立的步骤与方法。

2. 企业管理

企业的生存发展如同一个生命有机体一样,也会经历初创、成长、发展、成熟、衰退等阶段,即企业发展的生命周期。创新创业虚拟仿真实训平台的企业管理模块就是让学生在实战中模拟企业的运营管理,围绕创业企业发展的生命周期,制定各项决策,并最终推动企业成长壮大。

讨论,学生可以完成企业运营过程中的各项决策,包括业务管理、资金报表的制作等一系列内容。

一、创新创业虚拟仿真实训平台登录

(一)平台注册

创新创业虚拟仿真实训平台的注册和登录界面如图8-1所示,点击"注册"按钮开始注册。注册信息,学生应正确填写姓名、学号,并牢记密码;正确选择所在学校、学院、系别、年级、班级;填写教师给予的注册编码,点击提交;完成注册。

图8-1 注册和登录界面

（二）登录系统

（1）填写所注册账号，并点击"登录"；

（2）系统会提示"登录成功"；

（3）离开系统时，务必点击"解除本机绑定"，以免他人使用电脑而造成误操作。

二、创新创业虚拟仿真实训平台基本操作

（一）企业模块分布简介

平台包含不同类型的企业模型，并将各个企业按级别类型划分为5个不同的模块。其中，每个模块包含的企业如下：

（1）会计师事务所、咨询企业、第三方物流、贸易企业、招投标企业、租赁企业；

（2）银行、人才中心、测评企业、创业基地；

（3）制造企业；

（4）税务局、国际货贷、市场监督管理局、信息中心、用户企业；

（5）供应商、餐厅、旅游企业。

（二）实际模拟——物流公司

学生进入实际操作阶段，模拟一家物流公司的成立与运营。进入"欢迎"界面。

本节实训案例中，模拟的物流公司的运营，故点击"我要去实习"，进入物流公司界面。

（三）物流公司设立

1. 注册流程

首先要进行企业注册，注册的具体流程如图8-2所示。

然后进入物流公司界面，点击"物流公司设立"，开始注册物流公司。

2. 企业名称预先核准

根据流程图，首先要对企业的名称进行预先核准。在"物流公司设立企业名称预先核准"界面中，下载企业名称预先核准申请书。

根据该申请书样本，企业工作人员填写相应内容，并上传到系统。提交后，再次点击"企业名称预先核准"登记。

这时，需要企业工作人员到市场监督管理局，申请办理企业名称预先登记，并提交纸质企业名称预先核准申请书，由市场监督管理局予以审核。

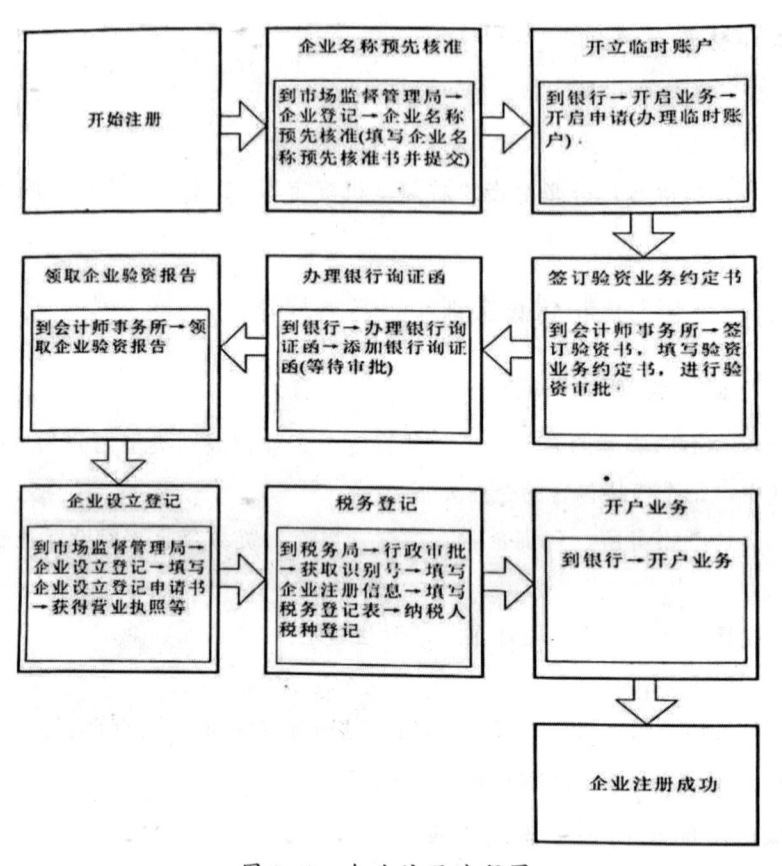

图 8-2　企业注册流程图

如果企业名称预先核准申请书被市场监督管理局驳回，企业人员应进行以下操作。

（1）点击"驳回通知书"，可以看到市场监料管理局驳回的原因。

（2）知道原因后，点击"修改"，修改后再次提交。

（3）企业人员再次到市场监督管理局提出申请。

（4）若企业名称预先核准申请书被市场监督管理局准予通过。

该申请书通过后，企业会收到市场监督管理局发放的纸质企业名称预先核准通知书。

3. 开户申请

在"物流公司设立开户申请"界面，填写临时开户申请单并提交。

同时，企业工作人员携带纸质企业名称预先核准通知书和临时开户申请单到银行办理临时账户。

如果临时开户申请单被驳回，企业人员需要再次点击"开户申请"，进行修改并提交。

之后再派企业工作人员到银行再次申请。如果银行审核通过,开户申请通过后,公司从银行领取纸质临时账户。

4. 验资业务约定书

企业工作人员携带纸质企业名称预先核准通知书和临时账户前往会计师事务所,领取纸质验资业务约定书。

提交电子验资业务约定书后,物流公司需要同时填写纸质验资业务约定书,并在办理银行询证函后,携带以上两份单据,到会计师事务所领取企业验资报告。

5. 银行询证函

填写银行询证函,并点击"提交",同时填写纸质银行询证函,去银行办理。

之后,银行会对该询证函进行审核,如果银行审核未通过,物流公司需要修改并再次提交;如果银行审核通过,则显示"银行询证函已审核通过"。

6. 查看验资报告

企业工作人员携带签订好的验资业务约定书和银行询证函到会计师事务所领取企业验资报告。

7. 企业设立登记

在"物流公司设立""企业设立登记"界面,点击"企业设立登记申请书",填写相关信息,并提交企业设立登记申请书。企业设立登记申请书显示界面。提交后,出现"企业设立登记"界。

之后,企业工作人员须携带纸质企业名称预先核准通知书、临时账户、企业验资报告和填写好的企业设立登记申请书到市场监督局办理。

请认真阅读本页内容并填写申请书

根据有关法律、法规的规定,现向工商行政管理机关申请。(以下企业类型仅供选择,将所选企业的序号填写在横线上,并按照标注的页码填写后面的申请表)

序号	企业类型	需填写的页
1	有限责任公司	1、2、1、5、6、7、8、9
2	有限责任公司(国家独资)	1、2、4、6、7、8、9
3	有限责任公司(自然人独资)	1、2、4、6、7、8、9
4	有限责任公司(法人独资)	1、2、4、6、7、8、9
5	股份有限公司	1、2、4、5、6、7、8、9
6	股份有限公司(上市)	1、2、4、5、6、7、8、9
7	有限责任公司分公司	1、2、7、8
8	股份有限公司分公司	1、2、7、8
9	集体所有制(股份合作)企业	1、2、4、5、6、7、8、9
10	集体所有制(股份合作)企业法人分支机构	1、2、4、6、7、8

续表

序号	企业类型	需填写的页
11	集体所有制（股份合作）企业设立的法人分支机构	1、2、4、6、7、8
12	集体所有制（股份合作）企业设立的法人分支机构	1、2、4、6、7、8
13	全民所有企业	1、2、4、6、7、8
14	全民所有制企业的营业单位	1、2、4、6、7、8
15	集体所有制企业	1、2、4、6、7、8
16	集体所有制企业的营业单位	1、2、4、6、7、8
17	合作企业	1、2、5、6、7、8
18	合作企业的分支机构	1、2、4、7、8
19	个人独资企业	1、2、5、6、7、8
20	个人独资企的分支机构	1、2、4、7、8

签字白鹏飞

（1）设立有限责任公司、股份有限公司、集体所有制（股份合作）、全民所有或集体所有制企业，有拟任法定代表人签字。

（2）设立个人独资企业或个人弟子企业分支机构的，有合伙企业的全体合伙人签字。

（3）设立合伙企业或合伙企业分支机构的，由合伙企业的全体合伙人签字。

（4）设立营业单位、分支机构或分公司的，隶属企业的法定代表人签字。

企业设立登记申请表

（1）企业名称		北京新瑞物流有限责任公司	
（2）住所（经营场所）		北京市房山区（县）108（门牌号）	
（3）法定代表人姓名（负责人、投资人）	白鹏飞	（4）注册资本（注册资金、出资数额、资金数额）	3000万元
		（5）实收资本（金）实际缴付的出资数据	3000万元
（6）经营范围	许可经营项目	物流业务	
	一般经营项目		
（7）营业期限（合伙期限）	30年	（8）副本数	份
（9）隶属企业名称			

如果市场监督管理局将申请书驳回，公司可以在"企业设立登记申请书管理"界面查看驳回通知书，并进行修改。

如果市场监督管理局审核通过，企业会得到纸质的准予设立登记通知书、营业执照、营业执照副本、组织机构代码证；同时在相关界面可以查看到以上文件的电子版。

8. 税务登记

在"物流公司设立"界面，点击"税务登记"，会弹出"税务登记"界面。点击"获取识别号"，进入"企业注册信息"界面。

填写相关信息，并点击"提交"，等待税务局审核。

如果税务局驳回，企业需要重新填写信息，并提交；如果税务局审核通过，企业可以点击并查看纳税人识别号。

（1）税务登记

在"行政审批"→"税务登记"界面，点击"税务登记表"，填写税务登记的相关信息，并点击"提交"，等待税务局审核。

纳税人名称	北京新瑞物流有限责任公司		纳税人识别号		8008001334004029
登记注册类型	有限责任公司		批准设立机关		备质量技术监管局
组织机构代码	66647926-7		批准设立证明或文件号		417445-117696-0
开业（设立）日期	2011.1.1	生产经营期限 2040.12.31	证照名称	身份证	证照号码 ×××××××× ××××××××
注册地址	北京市房山区		邮政编码 102441		联系电话 01069374726
生产经营地址	北京市房山区		邮政编码 102441		联系电话 01069374726
核算方式	请选择对应项目打"√" ⊙独立核算 ○非独立核算		从业人数 20		其中外籍人数
单位性质	请选择对应项目打"√" ⊙企业○事业单位○社会团体○民办非企业单○其他				
网站网址			图标行业	□ □ □ □	
经营范围 物流	请将法定代表人（负责人）身份证件复印件粘贴在此处				
内容 项目	姓名	身份证件 种类 号码	固定电话	移动电话	电子邮箱
法定代表人	白鹏飞	身份证 ××××××	01069374728		
财务负责人	姚明苏	身份证 ××××××	01069374728		
办税人	杨晨	身份证 ××××××	01069374728		
税务代理人名称		纳税人识别号	联系电话		电子邮箱

图 8-3　税务登记样本

之后，企业工作人员携带纸质临时账户、营业执照、营业执照副本、组织机构代码证、税务登记表到税务局办理。

如果税务局驳回，企业必须修改登记表并重新提交；如果税务局审核通过税务登记通过界面。

（2）纳税人税种登记

在"行政审批"→"税务登记"界面，点击"纳税人税种登记表"。填写相关信息，并点击"提交，携带填写好的纸质纳税人税种登记表前往税务局办理。

办理完税务登记后，企业可以从税务局领取税务登记正本和税务登记副本，以上文件可以在"税务登记"界面中查看到电子版。

9. 开户业务

携带纸质临时账户、营业执照、营业执照副本、组织机构代码证、税务登记正本和税务登记副本到银行办理开户业务。

办理完开户业务后，企业可以领取开户许可证。

三、物流公司业务

1. 合同管理

（1）合同签订

在"合同管理"→"合同签订"界面中，点击"签订合同"。填写国内货物运输协议，并点击"提交"。

（2）订单信息

在"合同管理"→"订单信息"，点击订单信息，可以查看订单的详细信息；点击"集货确认"，可以进行下一步的集货调度。

在"合同管理"订单信息界面中，有"业务提交"按钮，物流公司对订单的所有操作都完成之后，点击此按钮，可以告知管理人员：订单已经开始交付。

（3）集货调度

在"合同管理"→"集货调度"界面中，点击"新增"按钮。

2. 仓储业务

（1）入库明细

在"合同管理"→"仓储业务""仓储管理"界面中，点击"入库明细"。

新增明细单，填写入库明细单，并提交。

（2）出库明细

在"合同管理"→"仓储业务""仓储管理"界面，点击"出库明细"。

（3）盘库单

在"合同管理"→"仓储业务""仓储管理"界面中，点击"盘库单"。

如果没有盘库单，点击"新增"。如果已有盘库单，点击"修改"。

（4）仓储资源

在"仓储业务"→"仓储资源"界面下可以查费库房信息。

点击"详细"，进行出库和入库操作。

3. 运输业务

（1）运单

填在"运输业务"→"国内运输"界面，点击运单。

写运单信息，点击"提交"。

（2）路单

在"运输业务"→"国内运输"界面，点击"路单"。

填写路单信息,点击"提交"。

(3) 签收中

在"运输业务"→"国内运输"界面,点击"签收单",并点击"新增",添加签收单。

(4) 核销单

在"运输业务"→"国内运输"界面,点击"核销单",并点击"新增",添加核销单。

填写核销单信息,点击"提交"。

(5) 费用结算

在"运输业务"→"国内运输"界面,点击"费用结算",点击"新增",添加费用结算单。

填写费用结算单,点击"提交"。

参考文献

[1] 陈国良，王延峰．大学生创新创业理论与实践导论［M］．北京：科学出版社，2018．

[2] 吕爽．大学生创新创业实务指导［M］．北京：中国铁道出版社，2017．

[3] 赵光锋，肖海荣．创新创业教育：让大学生走在时代的前沿［M］．北京：中国纺织出版社，2018．

[4] 秦瑞莲．高等学校创新创业教育模式研究［M］．沈阳：辽宁大学出版社，2010．

[5] 李德平．大学生创业教育理念与实践研究［M］．上海：人民出版社，2013．

[6] 利文斯顿．创业者［M］．北京：机械工业出版社，2010．

[7] 刘平，李坚．创业学［M］．北京：清华大学出版社，2016．

[8] 吴余舟．大学生职业生涯规划与就业创业指导［M］．北京：机械工业出版社，2010．

[9] 吴运迪．大学生创业指导［M］．北京：清华大学出版社，2012．

[10] 武艳，张晓峰，张静．企业风险管理［M］．北京：清华大学出版社，2011．

[11] 谢永川，袁国．大学生就业与创业指导［M］．北京：北京理工大学出版社，2010．

[12] 许湘岳．创新创业教程［M］．北京：人民出版社，2011．

[13] 杨向荣，陈伟．大学生创新实践指导［M］．北京：冶金工业出版社，2011．

[14] 张可君，吕时礼．创业实务［M］．北京：北京师范大学出版社，2011．

[15] 钟晓红．大学生创业教育［M］．北京：北京理工大学出版社，2010．

[16] 周春生.企业风险与危机管理 [M].北京：北京大学出版社，2015.

[17] 周延波，王正洪.高校创新教育 [M].北京：科学出版社，2011.

[18] 朱莉，姜峰.赢在未来——大学生创业实务与策略 [M].济南：山东大学出版社，2010.

[19] 万玺.海归科技人才创业政策吸引度、满意度与忠诚度 [J].科学与科学技术管理，2013（2）.

[20] 陈正芹，吴涛.自我领导理论视野下的高校大学生创业教育研究 [J].江淮论坛，2013（2）

[21] 徐生林.大学生创业教育模式的探索与实践 [J].江苏高教，2013（3）

[22] 田雪莹.大学生创业政策保障体系构建研究——来自苏州大学生问卷调查的证据 [J].科学决策.2013（3）

[23] 胡桃，沈莉.国外创新创业教育模式对我国高校的启示 [J].中国大学教学，2013（2）

[24] 魏东初.国外大学生创业教育的经验与借鉴 [J].思想教育研究，2013（7）

[25] 文亮.商业模式与创业绩效研究 [M].北京：经济科学出版社，2011

[26] 吴玉剑.高校创新创业教育改革的困境与路径选择 [J].教育探索.2015（11）

[27] 王占仁.我国高校创新创业教育的学科化特性与发展取向研究 [J].教育研究，2016（3）

[28] 陈坚，沈燕丽，王涛.双因素理论视角下高校创业教育教师激励策略研究 [J].学校党建与思想教育，2016（15）

[29] 王玮.完善创新实践教育与竞赛体系，提高大学生创新创业能力 [J].创新创业理论研究与实践，2018（2）

[30] 李秘.如何培养大学生创新创业能力研究 [J].现代交际，2016（5）

[31] 焦烈，王尧.我国高校创新创业教育实践教学体系的构建 [J].辽宁教育行政学院学报，2015（2）

[32] 朱静然，构建多元化的大学生创业教育保障机制研究 [J].河北科技大学学报（社会科学版），2012（2）

[33] 王丽娟，高志宏.大学生创新创业教育研究 [J].中国青年研究，2012（10）

[34] 李良成，张芳艳.创业政策对大学生创业动力的影响实证研究 [J].技术经济与管理研究，2012（12）

[35] 吴安平，张微.民办高校大学生创业意识与能力培养研究 [J].西部皮

革，2017（18）

[36] 李晓峰，王斌，郑洪燕.我国大学生创业教育的困境与突破［J］.学术论坛，2012（9）

[37] 翁丽华.现象学视角下的大学生创业教育［J］.中国高教研究，2014（5）

[38] 经济合作与发展组织.技术创新统计手册［M］.国家统计局译.北京：中国统计出版社，1992

[39] 郏浩.大学生创新实践影响因素的实证分析［J］.教育学术月刊，2015（2）

[40] 蔡丽容.创新创业大赛对大学生双创能力的培育作用［J］.中国轻工教育，2017（1）

[41] 王凯，赵毅.创业计划书编写理论［M］.北京：北京理工大学出版社，2012

[42] 李伟铭，黎春燕，杜晓华.我国高校创业教育十年：演进、问题与体系建设［J］.教育研究，2013（6）

[43] 李向农.大学生创业大赛项目成功的基本要素［J］.教育教学论坛，2015（48）：1-2

[44] 刘劲杨.知识创新、技术创新与制度创新概念的再界定［J］.科学与科学技术管理，2002，（5）：5-7

[45] 刘晓静，刘京丽.高校教师创新能力提升策略探索［J］.教育探索，2015（12）

[46] 刘晓敏.中国大学生参与创客运动的关键驱动因素［J］.开放教育研究，2016，22（6）

[47] 马建荣，李凤.构建学科竞赛"四化"长效机制，提高学生实践创新创业能力［J］.现代教育技术，2011，21（12）

[48] 陈明，余来文.商业模式：创业的视角［M］.厦门：厦门大学出版社，2011

[49] 杜跃平，段利民.技术创业：技术项目评价与选择［M］.西安：西安电子科技大学出版，2010

[50] 樊一阳，徐玉良.创业学概论［M］.北京：清华大学出版社，2010

[51] 李政.创业型经济［M］.北京：社会科学文献出版社，2010

[52] 孟丽娟，张云仙.大学生就业与创业指导［M］.济南：山东人民出版社，2013

[53] 宁焰，虞箱.就业指导［M］.西安：西北工业大学出版社，2013